法的思考が身に付く

実務に役立つ
印紙税の考え方と実践

【著】鳥飼重和（弁護士・税理士）
【編集】㈱鳥飼コンサルティンググループ

新日本法規

プロローグ
嘘でしょう？　これに印紙を貼るのですか？

1　それって嘘でしょう？　これに印紙を貼るのですか？

　下記の「修理承り票」は、印紙を貼るべき契約書に見えますか。

「契約書には、印紙を貼らないといけない」

そう思っている方は多いと思います。
　契約書とは、当事者双方が合意した文書のはずです。
　では下記の「修理承り票」は、甲と乙が合意した文書に見えますでしょうか。この文書の記載からは、甲スーパーが修理を承ったように見えます。しかし、甲スーパーと依頼者乙が修理について合意したようには見えません。これに「印紙を貼れ」と言われたら、普通の人は言いたくなるでしょう。

「それって嘘でしょう」と。

修理承り票

乙殿

　　　依頼日　　　平成29年2月28日
　　　修理品　　　自転車
　　　故障状況　　ペダルが動かない

　　　以上、承りました。

　　　　　　　　　　　　　　　　　　　　　甲スーパー　印

普通の人なら誰が見ても、これを契約書とは考えません。

しかし、この文書は、印紙税法上、契約書にあたる可能性が高いのです。請負に関する契約書という、印紙税法上で、課税文書と呼ばれる課税される文書です。印紙税額を200円として課税されます。

なぜ、一見すると契約書に見えないものが印紙税法上の契約書となるのか。そして、印紙税額が200円となるのはなぜか。

それは、この本を読めば自然と理解できるようになります。

2　200円の印紙税が会社の売上約4億円を無駄にする !?

あなたは、「たかが200円の印紙税」と思うかもしれません。しかし、印紙税の200円は、「されど200円」なのです。

以前、上記の「修理承り票」と似た文書に印紙を貼らなかったために、ある大手スーパーが3,300万円の過怠税を課されました。これは、3,000万円の印紙を貼らなかったため、行政上の罰として、その1.1倍の3,300万円が徴収されたものです。

「たかが印紙税ですが、されど印紙税です」
「たかが200円ですが、されど200円です」

この3,300万円の過怠税が会社にどれほどのダメージを与えるかわかりますか。会社は、想定外の重いダメージを受けることになるのです。

3,300万円の過怠税を納付することで、この会社がどれだけの売上高とそれに必要な経費を無駄にすることになるのか、ここで少し考えてみましょう。

話をわかりやすくするために、この会社の売上高純利益率を2.5％、法人税率は30％と仮定します。

売上高純利益率とは、売上高に対する純利益の割合を示すものです。売上高純利益率2.5％ということは、純利益を上げるためには、その40倍の売上高が必要になることを意味します。仮に純利益が1,000万円の会

社の場合ですと、その40倍の4億円もの売上が必要となるのです。
　ここでは税金計算は省略して、結論だけを言います。

　3,300万円の過怠税を納付することで、売上高3億9,600万円と、経費率95％であれば3億5,640万円の経費がそれぞれ無駄になってしまうのです。

　また同時に、ここまで積み上げてきた従業員の努力も無駄となってしまいます。
　これでもあなたは、「たかが200円の印紙税」と言えますか。
　印紙税法を理解しないと経営者と従業員の努力で築いた約4億円の売上を無駄にすることになるのです。印紙税の初歩的な知識があれば、会社はこうしたダメージを避けることができます。
　印紙税の初歩的な知識があれば、文書に印紙を貼らなくてすむ工夫ができるようになるのです。
　例えば、上記の修理承り票に「修理費は1万円未満とする」と記載すれば印紙税が課されることはありません。
　また、この文書の表題を変えることで印紙税が課されないようにすることも可能です。
　いずれも、この本を読めばわかるようになります。

3　ああ無情、印紙税には専門家がいない

　印紙税の税務調査があるとき、あなたは誰に相談しますか。
　印紙税も税法ですから、一般的な社会常識では、税理士でしょう。
　しかし、税理士で印紙税に詳しい人は少数です。顧問税理士に聞いても、「わからない」といった返事が多いでしょう。なぜなら印紙税は、法律上、税理士の業務として認められていないからです。
　法律上、印紙税を業務として認められている専門家は誰なのか。
　実は、法律上は弁護士が印紙税の専門家なのです。

ところが弁護士の中で、印紙税の専門家はほとんどいません。顧問弁護士に聞いても、やはり「わからない」といった返事がほとんどでしょう。弁護士自身、印紙税という税金問題が弁護士業務に含まれるということを知らないからです。

　また、会社内にも印紙税の専門家はいないのが通常です。弁護士も、税理士も頼りにならないことが多いため、結局、会社の担当者は、税務署・国税局に聞きに行くことになります。

　税務署・国税局の相談窓口では、職員が親切に教えてくれます。丁寧に調べてくれて、「印紙を貼らないでいいですよ」と言ってくれることも多いようです。

　しかし、文書に印紙を貼るか貼らないかについて悩ましい場面は、相当に多いのです。そのような場合、「こうすれば、印紙を貼らなくてすむようになりますよ」と教えてくれる税務署の窓口の人は、まずいないでしょう。むしろ、「この文書には印紙を貼った方が安全ですね」という回答になる可能性が高いでしょう。

　これが「されど200円」、「されど印紙税」の問題です。この問題に適切に対処するにはどうしたらいいのでしょうか。

　本書でその対処の道筋を示していきます。

平成29年4月

鳥飼重和

目　次

プロローグ　嘘でしょう？　これに印紙を貼るのですか？ …………… 1
　1　それって嘘でしょう？　これに印紙を貼るのですか？ ………… 1
　2　200円の印紙税が会社の売上約4億円を無駄にする⁉ ………… 2
　3　ああ無情、印紙税には専門家がいない …………………………… 3

第1章　印紙税の基本　7
　1　課税文書とは ……………………………………………………… 8
　2　別表第一の課税物件の欄に掲げる文書とは …………………… 9
　3　課税物件表の重要性 …………………………………………… 13
　4　課税物件表の見方 ……………………………………………… 14
　5　本書の全体像 …………………………………………………… 20

第2章　課税文書と非課税文書　23
　1　課税文書にあたるための要件 ………………………………… 24
　2　課税事項が記載されていること（①の課税要件） ………… 26
　3　課税事項を証明する目的で作成されたこと（②の課税要件）… 28
　4　重要事項の記載 ………………………………………………… 29
　5　非課税文書（③の課税要件） ………………………………… 36
　6　課税文書、非課税文書、不課税文書の区別 ………………… 37

第3章　印紙税法上の契約書　41
　1　契約書とは ……………………………………………………… 42
　2　「名称を問わない（①の文言）」の通達及び事例検討 ……… 45
　3　「契約の成立等（③の文言）」の通達 ………………………… 54
　4　契約書を複数作成した場合の取扱い ………………………… 55

第4章　契約金額と記載金額　57
　1　契約金額 ………………………………………………………… 58
　2　記載金額 ………………………………………………………… 62

第5章　所属の決定 … 69
1　所属の決定とは … 70
2　所属の決定方法 … 72
3　所属の決定方法の注意点 … 75

第6章　主要文書における課否判断 … 77
1　主要文書における課否判断の手順 … 78
2　第1号文書 … 80
3　第2号文書 … 96
4　第7号文書 … 114
5　第17号文書 … 132

第7章　納税義務者と納税地 … 159
1　課税文書の作成 … 160
2　納税義務者 … 162
3　納税地 … 166

第8章　印紙税の税務調査 … 169
1　同時調査と単独調査 … 170
2　調査手法 … 173

エピローグ … 175
1　印紙税の専門家とはどういう人でしょうか？ … 175
2　印紙税の調査における専門家は誰か？ … 175
3　誰でも、印紙税の専門家になれる … 178
4　弁護士にとっては、明るい未来を開くチャンス … 179
5　税理士にとっては、差別化という大きなメリット … 180
6　会社員、学生、主婦、転職などにも、大きなメリット … 181

巻末資料 … 183

印紙税法の考え方を身に付ける印紙税検定 … 221

第1章 印紙税の基本

この章で学ぶこと

- 印紙税の課される文書とはどのようなものか。
- 印紙税の基本となる課税物件表の見方を確認しよう。
- 印紙税額の算定方法を確認しよう。
- 本書の全体像を把握しよう。

1 課税文書とは

　印紙税の課税対象になる文書を「課税文書」といいます。では、「課税文書」とは、どのような文書をいうのでしょうか。

　法によれば、「課税文書」とは、「①別表第一の課税物件の欄に掲げる文書のうち、②第五条の規定により印紙税を課さないものとされる文書以外の文書」をいいます（印紙税法3条1項）。なお、①と②の番号は、説明のため筆者が加えました。

　この規定から課税文書にあたるためには、

① 「別表第一の課税物件の欄に掲げる文書」にあたること
② 法律により印紙税を課さないとされる文書（非課税文書）でないこと

が必要であることがわかります。

　まずは、①から話を進めましょう。

2 別表第一の課税物件の欄に掲げる文書とは

では、①「別表第一の課税物件の欄に掲げる文書」とは、どのような文書をいうのでしょうか。印紙税法は、別表第一として、下記のような課税物件表を定めています。

以下には、第1号文書と第2号文書の例だけを取り上げます。

別表第一　課税物件表（第2条関係）

番号	課税物件		課税標準及び税率	非課税物件
	物件名	定義		
一	1 不動産、鉱業権、無体財産権、船舶若しくは航空機又は営業の譲渡に関する契約書 2 地上権又は土地の賃借権の設定又は譲渡に関する契約書 3 消費貸借に関する契約書 4 運送に関する契約書（用船契約書を含む。）	1 不動産には、法律の規定により不動産とみなされるもののほか、鉄道財団、軌道財団及び自動車交通事業財団を含むものとする。 2 無体財産権とは、特許権、実用新案権、商標権、意匠権、回路配置利用権、育成者権、商号及び著作権をいう。 3 運送に関する契約書には、	1 契約金額の記載のある契約書　次に掲げる契約金額の区分に応じ、1通につき、次に掲げる税率とする。 10万円以下のもの 200円 10万円を超え50万円以下のもの 400円 50万円を超え100万円以下のもの 1千円 100万円を超え500万円以下のもの 2千円 500万円を超え1千万円以下のもの	1 契約金額の記載のある契約書（課税物件表の適用に関する通則3イの規定が適用されることによりこの号に掲げる文書となるものを除く。）のうち、当該契約金額が1万円未満のもの

		乗車券、乗船券、航空券及び運送状を含まないものとする。 4 用船契約書には、航空機の用船契約書を含むものとし、裸用船契約書を含まないものとする。	1万円 1千万円を超え5千万円以下のもの 2万円 5千万円を超え1億円以下のもの 6万円 1億円を超え5億円以下のもの 10万円 5億円を超え10億円以下のもの 20万円 10億円を超え50億円以下のもの 40万円 50億円を超えるもの 60万円 2 契約金額の記載のない契約書 1通につき 200円	
二	請負に関する契約書	1 請負には、職業野球の選手、映画の俳優その他これらに類する者で政令で定めるものの役務の提供を約することを内容とする契約を含むものとする。	1 契約金額の記載のある契約書 次に掲げる契約金額の区分に応じ、1通につき、次に掲げる税率とする。 100万円以下のもの 200円 100万円を超え200万円以下のもの	1 契約金額の記載のある契約書（課税物件表の適用に関する通則3イの規定が適用されることによりこの号に掲げる文書となるものを除く。）のうち、

	400円 200万円を超え300万円以下のもの 1千円 300万円を超え500万円以下のもの 2千円 500万円を超え1千万円以下のもの 1万円 1千万円を超え5千万円以下のもの 2万円 5千万円を超え1億円以下のもの 6万円 1億円を超え5億円以下のもの 10万円 5億円を超え10億円以下のもの 20万円 10億円を超え50億円以下のもの 40万円 50億円を超えるもの 60万円 2　契約金額の記載のない契約書 1通につき 200円	当該契約金額が1万円未満のもの

この課税物件表を見てみると、例えば、「不動産…の譲渡に関する契約書」、「消費貸借に関する契約書」、「請負に関する契約書」といった文書が挙げられています。①「別表第一の課税物件の欄に掲げる文書」とは、こういった文書のことをいいます。

3 課税物件表の重要性

　さて、ここまでの説明から、印紙税の課税対象は、課税物件表によって一定の文書に限られていることがおわかりいただけたと思います。課税物件表に載っていない文書に印紙税が課されることはないのです。このように、課税対象となる文書が限定されている点は、印紙税法の大きな特徴と言えます。

　印紙税法がこのような特徴を持つため、ある文書に印紙税が課されるか否かは、必然的に、別表第一の課税物件表を中心に判断していくことになります。この点は非常に重要です。そこで次に、この課税物件表の見方を説明しましょう。

　課税物件表に登場する言葉を紹介します。

　　「番号」
　　「課税物件」
　　「物件名」
　　「定義」
　　「非課税物件」
　　「課税標準及び税率」

　課税物件表に掲げられている以上の言葉が、印紙税法上、最も重要なキーワードになります。

4 課税物件表の見方

ここでは、別表第一の課税物件表の見方を第１号文書の例を用いて説明します。

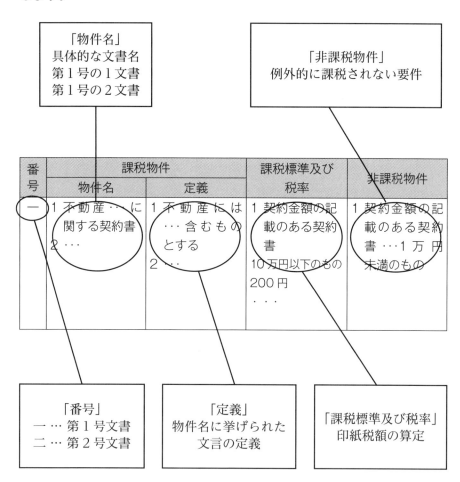

(1)「番号」の欄

課税物件表の１番左にある「番号」の欄を見てください。そこに「一」という数字が書かれています。これは、この番号欄の隣に挙げられた文書を「第１号文書」と呼ぶという意味です。そして、課税物件表の番号欄には、

一から二十までの数字が書かれています。つまり、課税対象となる文書は、第1号文書から第20号文書までであるということです。

この第1号文書から第20号文書に該当しない文書には、印紙税は課税されません。この第1号文書から第20号文書に該当しない文書を「不課税文書」といいます。

（2）「物件名」の欄

<物件名>
1　不動産、鉱業権、無体財産権、船舶若しくは航空機又は営業の譲渡に関する契約書
2　地上権又は土地の賃借権の設定又は譲渡に関する契約書
3　消費貸借に関する契約書
4　運送に関する契約書（用船契約書を含む。）

「課税物件」の欄の下の左側にある「物件名」の欄を見てください。そこに、以下のような事項が書かれています。

「1　不動産…の譲渡に関する契約書」
「2　地上権…譲渡に関する契約書」

これが物件名で、具体的な文書名を明らかにしています。例えば、前者は、「不動産、鉱業権、無体財産権、船舶若しくは航空機又は営業の譲渡に関する契約書」であり、これを「第1号の1文書」といいます。また、後者は、「地上権又は土地の賃借権の設定又は譲渡に関する契約書」であり、これを「第1号の2文書」といいます。同様に、「消費貸借に関する契約書」を「第1号の3文書」といい、「運送に関する契約書（用船契約書を含む。）」を、「第1号の4文書」といいます。第2号文書以下についても同様です。

(3)「定義」の欄

> ＜定義＞
> 1　不動産には、法律の規定により不動産とみなされるもののほか、鉄道財団、軌道財団及び自動車交通事業財団を含むものとする。
> 2　無体財産権とは、特許権、実用新案権、商標権、意匠権、回路配置利用権、育成者権、商号及び著作権をいう。
> 3　運送に関する契約書には、乗車券、乗船券、航空券及び運送状を含まないものとする。
> 4　用船契約書には、航空機の用船契約書を含むものとし、裸用船契約書を含まないものとする。

　「課税物件」の欄の下の右側にある「定義」の欄を見てください。この「定義」の欄は、課税される文書の範囲を広げたり、逆に、その範囲を狭くしたりしています。

　例えば、「定義」の欄の「1」を見てください。

　ここでは、「不動産」の定義で、以下のように、不動産の概念を広げて、課税される文書の対象を広げています。

　　ⅰ）法律の規定により不動産とみなされるものを含む
　　ⅱ）鉄道財団、軌道財団及び自動車交通事業財団を含む

　次に、「定義」の欄の「3」を見てください。

　「運送に関する契約書」の定義で、以下のように、運送に関する契約書の概念を狭くして、課税される文書の対象を狭くしています。

　「乗車券、乗船券、航空券及び運送状を含まないものとする」

(4)「非課税物件」の欄

> ＜非課税物件＞
> 1　契約金額の記載のある契約書（課税物件表の適用に関する通則3イの規定が適用されることによりこの号に掲げる文書となるものを除く。）のうち、当該契約金額が1万円未満のもの

「課税物件」の欄の1番右にある「非課税物件」の欄を見てください。この欄は、課税物件表に掲げる文書であっても、例外的に印紙税を課さない文書を定めています。

ここで、前述した「課税文書」の定義を思い出してください。「課税文書」とは、「①別表第一の課税物件の欄に掲げる文書のうち、②第五条の規定により印紙税を課さないものとされる文書以外の文書」をいうのでした。そこで、印紙税法5条をみてみると、印紙税を課さない文書の1つとして、「別表第一の非課税物件の欄に掲げる文書」が挙げられています（印紙税法5条1号）。このように印紙税法5条によって、印紙税を課さない文書のことを「非課税文書」といいます。すなわち、「非課税物件」の欄に挙げられた文書は、いくつかの類型がある非課税文書の1つということができます。

なお、先に挙げた、「不課税文書」との違いに注意してください。不課税文書は、そもそも課税物件表に掲げる文書にあたりません。これに対し、非課税文書は、課税物件表に掲げる文書にはあたりますが、例外的に、印紙税課税の対象から外された文書です。

続いて、第1号の3文書（消費貸借に関する契約書）を例にして、非課税要件の当てはめを確認しましょう。

「非課税物件」の欄を見てください。

そこには、「契約金額の記載のある契約書…のうち、当該契約金額が一万円未満のもの」と書かれています。「契約金額」についても後ほど説明しますが、ここでは、契約書に記載された金額をいうと理解してください。

この非課税要件によれば、契約金額の記載が1万円未満の文書は課税されない文書、つまり、非課税文書になります。反対に、契約金額の記載が1万円以上の文書は、非課税文書になりません。

それでは、次のAとBの例について、非課税要件を当てはめてみましょう。

A) 貸付金額が 8,000 円の消費貸借に関する契約書の場合
    契約金額は 8,000 円であり、1 万円未満という非課税要件に該当します。したがって、非課税文書になります。

B) 貸付金額が 300 万円の消費貸借に関する契約書の場合
    契約金額は 300 万円であり、1 万円未満という非課税要件に該当しません。したがって、非課税文書になりません。

(5)「課税標準及び税率」の欄

<課税標準及び税率>	
1 契約金額の記載のある契約書　次に掲げる契約金額の区分に応じ、1 通につき、次に掲げる税率とする。	
10 万円以下のもの	200 円
10 万円を超え 50 万円以下のもの	400 円
50 万円を超え 100 万円以下のもの	1 千円
100 万円を超え 500 万円以下のもの	2 千円
500 万円を超え 1 千万円以下のもの	1 万円
1 千万円を超え 5 千万円以下のもの	2 万円
5 千万円を超え 1 億円以下のもの	6 万円
1 億円を超え 5 億円以下のもの	10 万円
5 億円を超え 10 億円以下のもの	20 万円
10 億円を超え 50 億円以下のもの	40 万円
50 億円を超えるもの	60 万円
2 契約金額の記載のない契約書	
1 通につき	200 円

(注)
　不動産の譲渡に関する契約書については、記載された契約金額が 10 万円超のものについて、20％から 50％の税の軽減措置が設けられています。
　建設工事の請負に関する契約書については、記載された契約金額が 100 万円超のものについて、20％から 50％の税の軽減措置が設けられています（租税特別措置法 91 条）。

「課税物件」の欄の右側の「課税標準及び税率」の欄を見てください。
この欄から印紙税額を算定することになります。ここでも、第1号の3文書を例にして、2つの具体例で、印紙税額の算定をしてみましょう。

C) 貸付金額が400万円の消費貸借に関する契約書の場合
貸付金額が400万円の消費貸借に関する契約書は、「100万円を超え500万円以下のもの」に該当します。その場合の税率は、1通につき、「2千円」です。
したがって、印紙税額は2,000円となります。

D) 貸付金額が5,000万円の消費貸借に関する契約書の場合
貸付金額が5,000万円の消費貸借に関する契約書は、「1千万円を超え5千万円以下のもの」に該当します。
その場合の税率は、1通につき、「2万円」です。したがって、印紙税額は2万円となります。

(6) 課税要件と税額の関係

ここまで取り上げてきた、「課税物件」、「課税標準及び税率」を、税法の世界では、「課税要件」といいます。課税要件に1つずつ事実を当てはめることで、税額を算定することができます。

5 本書の全体像

(1)「地図」としての課税物件表

　ここまでで、印紙税法における課税物件表の見方について、おわかりいただけたと思います。第2章から第5章では、これまでの課税物件表の説明で現れた項目について、深く掘り下げていきます。そのため、課税物件表が第2章から第5章で学ぶ項目を示す、いわば「地図」の役割を果たしています。次頁の図を見てください。

　印紙税の課税に関しては、常に、課税物件表の欄を中心に据えて判断をしていきます。そのため、印紙税の判断で必要となる知識の多くは、この第2章から第5章に集中していますし、本書がこの順番で説明をしていくのはそのためです。

　その上で、第6章では、第5章までの「知識」を実務で使える「知恵」にまで高めるため、事例を交えた検討を行っていきます。本書を読み終える頃には、印紙税について一本筋の通った思考方法が身に付いていることでしょう。それ以外の知識については、第7章から第8章にかけて説明をしていきます。

第1号文書

＜物件名＞
1 不動産、鉱業権、無体財産権、船舶若しくは航空機又は営業の譲渡に関する契約書
2 地上権又は土地の賃借権の設定又は譲渡に関する契約書
3 消費貸借に関する契約書
4 運送に関する契約書（用船契約書を含む。）

＜定義＞
1 不動産には、法律の規定により不動産とみなされる鉄道財団、軌道財団及び自動車交通事業財団等を含む。
2 無体財産権とは、特許権、実用新案権、商標権、意匠権、回路配置利用権、育成者権、商号及び著作権をいう。
3 運送に関する契約書には、乗車券、乗船券、航空券及び運送状を含まないものとする。
4 用船契約書には、航空機の用船契約書を含むものとし、裸用船契約書を含まないものとする。

＜課税標準及び税率＞
1 契約金額の記載のある契約書　次に掲げる契約金額の区分に応じ、1通につき、次に掲げる税率とする。
　　10万円以下のもの
　　10万円を超え50万円以下のもの
　　50万円を超え100万円以下のもの
　　100万円を超え500万円以下のもの　　2千円
　　500万円を超え1千万円以下のもの　　1万円
　　1千万円を超え5千万円以下のもの　　2万円
　　5千万円を超え1億円以下のもの　　　6万円
　　1億円を超え5億円以下のもの　　　　10万円
　　5億円を超え10億円以下のもの
　　10億円を超え50億円以下のもの
　　50億円を超えるもの
2 契約金額の記載のない契約書　1通につき　200円

＜非課税文書＞
1 契約金額の記載のある契約書（課税物件表の適用に関する通則3イの規定が適用されることによりこの号に掲げる文書となるものを除く。）のうち、当該契約金額が1万円未満のもの

(2) 本書で説明する文書

　課税物件表によれば、課税対象となる文書は、第1号文書から第20号文書まであります。しかし、第2章以下では、第1号文書、第2号文書、第7号文書、第17号文書の説明を中心に行います。その理由は2つあります。

　1つ目の理由は、実務上の観点からの理由です。第1号文書から第20号文書までで、実社会で利用される頻度が高いのがこれら4つの文書なのです。つまり、それだけ印紙税の実務上も問題になることが多いということです。したがって、実務上は、これら4つの文書の課否判断に習熟すれば十分だといえます。

　2つ目の理由は、教育上の観点からの理由です。第1号文書から第20号文書という20種類もの文書について、広く浅く取り上げても、課否判断の正確性、迅速性を身に付けることはできません。むしろ、実務上、重要な4つの文書について、事例を交えながら、狭く深く取り上げることで、課否判断の正確性、迅速性を身に付けることができます。

　以上の2つの理由から、第2章以下では、第1号文書、第2号文書、第7号文書、第17号文書の説明を中心に行います。

コラム① 印紙税ができた背景事情

　印紙税が最初に創設されたのは、今から約400年前の1624年です。オランダがスペインとの間で長期間の戦争をしていた際、戦費調達のために創設されました。1905年に、日本で相続税が創設されたのも日露戦争の戦費調達のためでした。このように戦費調達を目的として、新しい税制が創られることはよくあります。

　今では、印紙税は、アメリカ、イギリス、フランスなど、世界の多くの国で制定されています。日本で印紙税が採用されたのは1873年で、発足して間もない明治政府の財政確保が目的でした。

第2章 課税文書と非課税文書

この章で学ぶこと

- 課税文書にあたるための要件を確認しよう。
- 非課税文書がどのようなものか確認しよう。
- 課税文書、非課税文書、不課税文書の区別をしよう。

1 課税文書にあたるための要件

まずは、第1章で学んだ印紙税法上の課税文書の定義から確認しましょう。「課税文書」とは、「別表第一の課税物件の欄に掲げる文書のうち、第五条の規定により印紙税を課さないものとされる文書以外の文書」をいうのでした（印紙税法3条1項）。

では、この課税文書にあたるための要件とはどのようなものでしょうか。この要件について定めているのが印紙税法基本通達2条です。

> **印紙税法基本通達第2条**
> 法に規定する「課税文書」とは、①課税物件表の課税物件欄に掲げる文書により証されるべき事項(以下「課税事項」という。)が記載され、かつ、②当事者の間において課税事項を証明する目的で作成された文書のうち、③法第5条《非課税文書》の規定により印紙税を課さないこととされる文書以外の文書をいう。

①～③の番号は説明のため筆者が加えました。この①～③が課税文書にあたるための要件（課税要件）です。

要するに、印紙税法基本通達2条でいう課税要件は以下の3つです。

① 課税事項が記載されていること
② 当事者間で課税事項を証明する目的で作成された文書であること
③ 非課税文書でないこと

例えば、吉岡正さん（甲）と山下不動産（乙）との間で、土地の売買が行われ、土地の売買契約書を作成したとします。

この土地の売買契約書は、後日の紛争を防止するために、甲と乙との間で、土地の売買契約が成立した事実を証明する証拠として作成されるものなのです。

文書の証明の対象となるものが「課税事項」です。つまり、「甲乙間で、

土地の売買契約が成立した事実」が課税事項です。

　この「課税事項を記載していること」が、①の課税要件です。

　課税要件の②は、文書の作成の目的を問題にしています。すなわち、「『課税事項＝甲乙間で、土地の売買契約が成立した事実』を証明する目的で作成されたものであること」を課税要件にしています。

　とても重要なので、以下にわかりやすく説明しましょう。

　文書は「何か」を証明する目的で作成されます。

　印紙税法では、課税対象となる「その何か」を課税物件表の「課税物件」の欄で限定しているのです。

　したがって、課税要件①と②を示せば次のようになります。

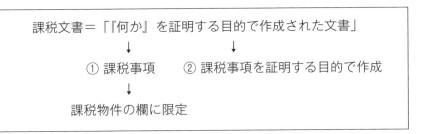

　以下では①～③の課税要件について、説明をしていきます。

2 課税事項が記載されていること（①の課税要件）

　印紙税法基本通達2条は、「課税文書」にあたるためには、「課税事項」の記載が必要であるとしています。そして、「課税事項」とは、課税物件表の課税物件欄に掲げる文書により証されるべき事項をいうとしています。わかりやすくいえば、課税事項とは、課税物件表上の文書を作成することで、証明しようとする事実です。

課税事項＝その文書で証明の対象になっている事実

　下記の課税物件表を見てください。

第1号文書
＜物件名＞
1　不動産、鉱業権、無体財産権、船舶若しくは航空機又は営業の譲渡に関する契約書 2　地上権又は土地の賃借権の設定又は譲渡に関する契約書 3　消費貸借に関する契約書 4　運送に関する契約書（用船契約書を含む。）
＜定義＞
1　不動産には、法律の規定により不動産とみなされるもののほか、鉄道財団、軌道財団及び自動車交通事業財団を含むものとする。 2　無体財産権とは、特許権、実用新案権、商標権、意匠権、回路配置利用権、育成者権、商号及び著作権をいう。 3　運送に関する契約書には、乗車券、乗船券、航空券及び運送状を含まないものとする。 4　用船契約書には、航空機の用船契約書を含むものとし、裸用船契約書を含まないものとする。

　例えば、「消費貸借に関する契約書」（第1号の3文書）を作成するのは、通常、消費貸借に関する契約が成立した事実を証明するためです。したがっ

て、「消費貸借に関する契約書」の課税事項は、「消費貸借に関する契約が成立した事実」です。同様に、「不動産…の譲渡に関する契約書」の課税事項は、「不動産の譲渡に関する契約が成立した事実」です。これを言い換えると、ある文書に「消費貸借に関する契約が成立した事実」の記載があれば、その文書には、「消費貸借に関する契約書」に「課税事項」の記載があるといえます。また、ある文書に「不動産の譲渡に関する契約成立の事実」の記載があれば、「不動産…の譲渡に関する契約書」に「課税事項」の記載があるといえます。

　後で説明しますが、第17号文書（例：領収書）だと、「金銭等を受領した事実」が課税事項になります。

　そして、ある文書に課税事項の記載があるかどうかを判断するためには、当該文書がどのような事実を証明しようとしているのか正確に見抜く必要があります。これには民法や商法といった法律の知識が必要になります。なぜなら、経済取引の際に用いられる文書中の文言は、経済取引を規律する法律の意味するところに基づくからです。弁護士が印紙税法を学びやすいのは、このような点からもいえるのです。

3 課税事項を証明する目的で作成されたこと（②の課税要件）

次に、「課税文書」にあたるためには、課税事項を証明する目的で作成されたことが必要になります。すなわち、先の例でいえば、ある文書が「消費貸借に関する契約書」にあたるためには、消費貸借に関する契約成立の事実を証明する目的で作成されたことが必要になります。

これを言い換えると、ある文書が課税事項を証明する目的以外の目的で作成されたのであれば、課税文書にはあたらないことになります。

例えば、法学部の学生がレポートの参考資料とするため、消費者金融から交付された消費貸借契約書を参考に、本物のような消費貸借契約書を作成したとします。この消費貸借契約書に借入額や契約当事者の氏名といった記載があれば、この文書には、消費貸借に関する契約成立事実の記載はあります。したがって、形式的には、①の課税要件である、課税事項の記載はあるといえます。しかし、この学生が作成した消費貸借契約書は、消費貸借に関する契約成立の事実を証明するためではなく、レポートの参考資料とするためのものです。したがって、この文書は、課税事項を証明する目的で作成されたとはいえません。この文書は、②の課税要件が欠けるため、課税文書にあたらず、不課税文書となります。

4 重要事項の記載

(1) 重要事項

　印紙税法上、第1号文書、第2号文書などの契約書では、「重要事項」の記載がないと、課税文書にならないことになっています。つまり、重要事項の記載が課税要件になっているのです。

　ここまでの説明のとおり、ある文書が課税文書にあたるためには、課税事項の記載があり、かつ、課税事項を証明する目的で作成されたことが必要になります。先の例でいえば、ある文書が「消費貸借に関する契約書」にあたるためには、「消費貸借に関する契約成立の事実の記載」があり、かつ、「この事実を証明する目的で作成されたこと」が必要になります。

　その上で、重要事項の記載がないと、課税文書にならないのです。重要事項とは、契約が成立するために通常必要とされている事項のことを指しています。この要素がないと、とても契約書とはいえない、という意味を持つ事項のことです。

　そこで、印紙税法基本通達は、その別表第二（重要な事項の一覧表）において、契約の成立事実の記載があるといえるために必要な記載内容を明らかにしています。この記載内容のことを「重要な事項」（印紙税法基本通達12条）、つまり、「重要事項」といいます。なお、ここでは消費貸借に関する契約書（第1号の3文書）を例にして説明をしましたが、これは、他の契約書（第1号文書、第2号文書、第7号文書、12号～15号文書）にも通じていえることです。本書が説明の中心とする、第1号、第2号、第7号文書の重要事項を以下に示します。

別表第二　重要な事項の一覧表

　第12条《契約書の意義》、第17条《契約の内容の変更の意義等》、第18条《契約の内容の補充の意義等》及び第38条《追記又は付け込みの範囲》の「重要な事項」とは、おおむね次に掲げる文書の区分に応じ、それぞれ次に掲げる事項（それぞれの事項と密接に関連する事項を含む。）をいう。

（昭59間消3－24、平元間消3－15改正）

1　第1号の1文書
　　第1号の2文書のうち、地上権又は土地の賃借権の譲渡に関する契約書
　　第15号文書のうち、債権譲渡に関する契約書
---

(1) 目的物の内容

(2) 目的物の引渡方法又は引渡期日

(3) 契約金額

(4) 取扱数量

(5) 単価

(6) 契約金額の支払方法又は支払期日

(7) 割戻金等の計算方法又は支払方法

(8) 契約期間

(9) 契約に付される停止条件又は解除条件

(10) 債務不履行の場合の損害賠償の方法

2　第1号の2文書のうち、地上権又は土地の賃借権の設定に関する契約書
---

(1) 目的物又は被担保債権の内容

(2) 目的物の引渡方法又は引渡期日

(3) 契約金額又は根抵当権における極度金額

(4) 権利の使用料

(5) 契約金額又は権利の使用料の支払方法又は支払期日

(6) 権利の設定日若しくは設定期間又は根抵当権における確定期日

(7) 契約に付される停止条件又は解除条件

(8) 債務不履行の場合の損害賠償の方法

3　第1号の3文書
---

(1) 目的物の内容
(2) 目的物の引渡方法又は引渡期日
(3) 契約金額（数量）
(4) 利率又は利息金額
(5) 契約金額（数量）又は利息金額の返還（支払）方法又は返還（支払）期日
(6) 契約期間
(7) 契約に付される停止条件又は解除条件
(8) 債務不履行の場合の損害賠償の方法

4　第1号の4文書
　　第2号文書

---

(1) 運送又は請負の内容（方法を含む。）
(2) 運送又は請負の期日又は期限
(3) 契約金額
(4) 取扱数量
(5) 単価
(6) 契約金額の支払方法又は支払期日
(7) 割戻金等の計算方法又は支払方法
(8) 契約期間
(9) 契約に付される停止条件又は解除条件
(10) 債務不履行の場合の損害賠償の方法

5　第7号文書

---

(1) 令第26条《継続的取引の基本となる契約書の範囲》各号に掲げる区分に応じ、当該各号に掲げる要件
(2) 契約期間（令第26条各号に該当する文書を引用して契約期間を延長するものに限るものとし、当該延長する期間が3か月以内であり、かつ、更新に関する定めのないものを除く。）

（2）重要事項の留意点

　重要な事項の一覧表では、各号の契約書ごとに、様々な事項を重要事項として定めています。

　留意点の1つ目は、この様々な事項のうち「1つでも」記載していれば、重要事項の記載があるといえる点です。

　例えば、第1号の3文書を例に挙げると、(1) 目的物の内容から、(8) 債務不履行の場合の損害賠償の方法までの全ての事項の記載があることは求められていないのです。このうち、1つの重要事項を証明する目的で作成されれば足りるのです。印紙税法基本通達12条の「なお書き」が、このことを明らかにしています。

> 印紙税法基本通達第12条なお書き
> 　なお、課税事項のうちの一の重要な事項を証明する目的で作成される文書であっても、当該契約書に該当するのであるから留意する。おって、その重要な事項は別表第二に定める。

　重要事項とは、基本的には、重要な事項の一覧表に挙げられた事項をいうと考えて問題ありません。しかし、厳密にいえば、重要事項は、ここに挙げられた事項に限られるわけではありません。これが留意点の2つ目です。重要な事項の一覧表は、その柱書きにおいて、このことを明らかにしています。

> 別表第二　重要な事項の一覧表
> 　「重要な事項」とは、おおむね次に掲げる文書の区分に応じ、それぞれ次に掲げる事項（それぞれの事項と密接に関連する事項を含む。）をいう。

　まず、「おおむね」という文言を見てください。これは、これから挙げる事項が重要事項の例示にすぎないことを示しています。あくまで例示で

すから、重要事項がこの一覧表に挙げられた事項に限られるわけではありません。

次に、「それぞれの事項と密接に関連する事項を含む」という文言を見てください。これは、文言上は、一覧表に挙げられた事項そのものにあたらなくても重要事項になりうることを示しています。

このように、重要事項とは、重要な事項の一覧表に挙げられた事項に限られるわけではありません。したがって、ある文書の作成者が一覧表に挙げられた事項の記載がないため、課税文書にはあたらないと判断したところ、その後、課税庁からこれと密接に関連する事項の記載があるとして過怠税を要求される可能性があるということです。

（3）事例による確認

重要事項について、事例を用いて確認しましょう。請負に関する契約書（第2号文書）を例として挙げます。

例　請負契約書その1

請負契約書

　甲は乙に対し、請け負うことを約し、これに対し甲は報酬の支払いをする旨を約する請負契約を締結します。

　平成29年3月10日

　　　　　　　　　　　　　　　　　　　発注者　甲　印
　　　　　　　　　　　　　　　　　　　受注者　乙　印

この文書は、表題が「請負契約書」となっていますし、文中に「請負契約を締結します」という文言もあります。そのため、一見すると、「請負に関する契約書」（第2号文書）にあたるようにも思えます。

しかし、ここまで説明してきたように、契約書が課税文書にあたるためには、重要事項の記載が必要になります。そこで、この文書に重要事項の記載があるといえるか確認すると、この文書には、重要な事項の一覧表に挙げられた、「請負の内容」、「契約金額」などの重要事項の記載が１つもありません。したがって、この文書は、課税事項の記載がなく、課税文書にはあたりません。不課税文書となります。

例　請負契約書その２

請負契約書

　甲と乙とは、乙は修理をすることを約し、これに対し甲は修理費として３万円の支払いをする旨を約する請負契約を締結します。

　平成29年3月10日

　　　　　　　　　　　　　　　　　　　　発注者　甲　印
　　　　　　　　　　　　　　　　　　　　受注者　乙　印

　この文書は、表題が「請負契約書」となっているので、「請負に関する契約書」にあたるか検討をします。そこで、まずは重要事項の記載があるといえるか確認をすると、この文書には、「３万円」という記載があります。これは重要な事項の一覧表に挙げられた、「契約金額」にあたるため、重要事項の記載はあるといえます。そして、重要事項の記載は１つで足りるため、この文書は課税事項の記載があるといえます。
　さらに、この文書中には、甲と乙の記名押印があります。したがって、この文書は、３万円という課税事項を証明する目的で作成されたといえます。
　第２号文書の「非課税物件」の欄を見ると、契約金額が１万円未満の場合には、非課税文書になります。この文書の契約金額は３万円である

ため、非課税文書にはあたりません。

以上より、この文書は、課税文書となります。

> **コラム②　印紙税における経済取引と文書との関係**
>
> 　印紙税は、経済取引に担税力を認めて課される流通税ではありますが、経済取引それ自体に課税するものではありません。あくまで、経済取引の際に作成される文書に課税するものです。したがって、経済取引と文書との関係については、次のようになります。
>
> ① 取引の際に文書が作成されなければ、印紙税の課税はありません。
> ② 印紙税法は取引に際し文書の作成を義務付けるものではありません。そのため、取引の際に、文書を作成しなくても、契約は有効です。また、文書を作成しなくても、罰則はありません。
> ③ 契約書があれば、契約どおりの取引が実行されなくても、課税文書であることに変わりはありません。
> ④ 取引の際に、複数の契約書が作成されれば、その通数分の印紙税が課税されます。契約書を2通作成すれば、2通の契約書に印紙税が課税され、3通作成すれば、3通の契約書に印紙税が課税されることになります。
> ⑤ ある取引の過程で、まず予約をし、続いて本契約をした場合、各々について文書を作成すれば、各々の文書に課税がなされます。
> ⑥ 印紙を貼付しないときには、過怠税などによる行政上の罰則があります。過怠税の特色は、本税部分も行政罰の対象になり、損金算入できないところにあります。

5 非課税文書（③の課税要件）

　最後に、「課税文書」にあたるためには、非課税文書にあたらないことが必要になります。印紙税法上の非課税文書については、印紙税法5条が定めています。

印紙税法第5条
　別表第一の課税物件の欄に掲げる文書のうち、次に掲げるものには、印紙税を課さない。
一　別表第一の非課税物件の欄に掲げる文書
二　国、地方公共団体又は別表第二に掲げる者が作成した文書
三　別表第三の上欄に掲げる文書で、同表の下欄に掲げる者が作成したもの

　このうち、1号については、第1章で説明をしました。例えば、一定の契約金額に満たない文書は印紙税が課されないとされていました。
　2号は、一定の者が作成する文書を全て非課税文書とするものです。国や地方公共団体の他に、印紙税法別表第二では、例えば、日本赤十字社、日本中央競馬会、日本年金機構が挙げられています。
　3号は、一定の者が作成する一定の文書を非課税文書とするものです。2号と比べて非課税文書となる文書が限定されていることがわかります。印紙税法別表第三では、例えば、日本銀行が作成する国庫金または地方公共団体の公金の取扱いに関する文書が挙げられています。

6 課税文書、非課税文書、不課税文書の区別

(1) 定義の確認

ここまでに登場した、課税文書、非課税文書、不課税文書をもう一度、整理してみましょう。非課税文書と不課税文書の違いについては、第1章でも少しだけ触れました。

課税文書とは、課税物件表の第1号文書から第20号文書のいずれかに該当する文書のうち、非課税文書に該当しない文書のことをいいます（印紙税法3条）。印紙税法基本通達2条は、これをより課税要件が明確になるよう言い換えていました。

非課税文書とは、課税物件表の第1号文書から第20号文書のいずれかに該当するものの、例外的に印紙税が課されない文書のことをいいます（印紙税法5条）。

不課税文書とは、そもそも課税物件表の第1号から第20号文書のいずれにも該当しない文書のことをいいます。

課税文書、非課税文書、不課税文書の関係を図示すると以下のようになります。

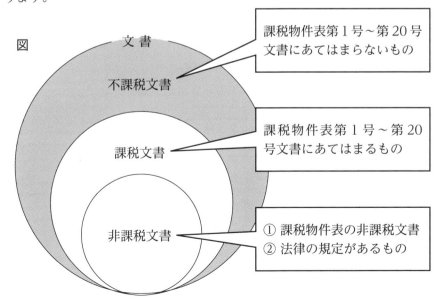

(2) 事例による確認

　課税文書、非課税文書、不課税文書の違いを事例を用いて確認しましょう。以下の事例は、課税文書、非課税文書、不課税文書のどれに該当するでしょうか。

例1　個人間の動産の売買契約書

売買契約書

　甲は乙に対し、甲の所有の自転車について売却することを約し、乙は甲に対し、当該自転車の引き渡しと引き換えに、売買代金3万5,000円を支払うことを約しました。

　平成29年3月10日

　　　　　　　　　　　　　　　　　　　　　　　甲　印
　　　　　　　　　　　　　　　　　　　　　　　乙　印

　不動産の売買契約であれば、第1号の1文書に該当しますが、動産の売買は第1号の1文書に該当しません。また、後で説明しますが、この契約書からは甲と乙とが今後も売買契約を継続的に行うようには読めず、さらに、甲と乙が個人なので、第7号文書にもあたりません。他の各号にも該当しませんので、この文書は不課税文書といえます。

例2　弁護士の委任契約書

顧問契約書

　株式会社山下工業(以下、「甲」という。)と弁護士水野鶴太郎(以下、「乙」という。)は、次のとおり顧問契約を締結する。

第1条　法律事務の委託
　乙は、甲の委託により、甲の業務に関し、法律的助言を与える事務を受諾する。
第2条　顧問料
　甲は乙に対し、基本顧問料として、毎月金10万円（別途消費税）を支払う。

　以下、省略

　平成29年3月20日

　　　　　　　　　　　　　　　　　株式会社山下工業　印
　　　　　　　　　　　　　　　　　弁護士　水野鶴太郎　印

　請負契約であれば、第2号文書に該当しますが、この顧問契約は委任契約であり、第2号文書には該当しません。また、後で説明しますが、弁護士は営業者ではありませんから、第7号文書にあたることもありません（印紙税法施行令26条1号参照）。他の各号文書にも該当しませんので、この文書は不課税文書といえます。

例3　賃料の受取書

領　収　書

　吉岡さゆり様

　　2万5,000円の支払いを受けました。
　　但し　賃貸借契約開始月の賃料

　　平成29年3月5日

　　　　　　　　　　　　　　　　　株式会社山下商事　印

この文書は、賃料を受領した旨の領収書です。賃料は、「資産を…使用させること…による対価…として受け取る金銭」（課税物件表第17号定義欄1）にあたるため、この領収書は売上代金に係る金銭の受取書（第17号の1文書）に該当します。しかし、第17号文書の「非課税物件」の欄の1を見ると、非課税文書として、「記載された受取金額が5万円未満の受取書」が定められています。2万5,000円の受取書は、この非課税要件に該当します。したがって、この領収書は、非課税文書に該当します。

第3章 印紙税法上の契約書

この章で学ぶこと

- 印紙税法上の「契約書」の意味を確認しよう。
- 文書の実質的判断とはどのようなものか。
- 契約の更改、内容の変更、補充の扱いとはどのようなものか。
- 契約書を複数作成した場合の扱いを確認しよう。

1 契約書とは

(1) 印紙税法上の「契約書」に関する課税要件

「契約書」に関する課税要件を定めているのは、本書で扱う文書のうち、契約書である、第1号文書、第2号文書、第7号文書です。したがって、この第3章で説明することは、基本的には、第17号文書を検討する際には考慮する必要がありません。契約書ではないからです。このことは念頭に置いてください。

(2)「契約書」の定義

「契約書」についても「課税文書」と同様に、印紙税法上の定義を確認することから始めましょう。

印紙税法は、別表第一課税物件表の冒頭に「課税物件表の適用に関する通則」(以下「通則」といいます。)を規定しています。通則5では、「契約書」について次のように定めています。

通則5
この表の第一号、第二号、第七号・・・において「契約書」とは、
① 契約証書、協定書、約定書その他名称のいかんを問わず
② 契約(その予約を含む。以下同じ。)の
③ 成立若しくは更改又は契約の内容の変更若しくは補充の事実(以下「契約の成立等」という。)を証すべき文書をいい、
④ 念書、請書その他契約の当事者の一方のみが作成する文書又は契約の当事者の全部若しくは一部の署名を欠く文書で、当事者間の了解又は商慣習に基づき契約の成立等を証することとされているものを含むものとする。

なお、①から④の番号は、説明のため筆者が加えました。

この条文を見てください。②のところに、「予約を含む」とあります。また、④の最後の行に、「・・・含むものとする」とあります。

この「含む」とは何を意味するのでしょうか。

印紙税法上の契約は、民法の考えている契約よりも、広いことを意味しています。ここに、印紙税法の特徴の１つがあります。

さて、この条文はわかりにくいので、以下では、①から④の文言に分解して説明をします。

（３）名称を問わない（①の文言）

①の文言は、「契約証書、協定書、約定書その他名称のいかんを問わず」となっています。これは、「契約書」という表題を使わずに、例えば、「協定書」、「約定書」、「合意書」、「確認書」といった表題を使った場合でも、印紙税法上の契約書になりうることを意味しています。つまり、「契約書」にあたるかどうかは、文書の名称や表題にこだわらず、文書に使われている文言、記載内容を基礎として、実質的に判断するということです。

（４）予約を含む（②の文言）

②の文言は、「契約（その予約を含む。）」となっています。なぜ、わざわざ「予約を含む」という文言にしているのでしょうか。それは、民法上、狭義の契約に予約が含まれないためです。すなわち、印紙税法は、契約の範囲に予約を含めるため、このような文言を用いたと考えられます。印紙税法上の契約は、民法上の契約よりも広いのです。

（５）契約の成立等（③の文言）

③の文言は、「（契約の）成立若しくは更改又は契約の内容の変更若しくは補充の事実（以下「契約の成立等」という。）を証すべき文書」となっています。これは、契約の更改、契約内容の変更、補充といった事実を証明するために作成される文書もまた、印紙税法の対象としての契約書にあたることを意味しています。

契約の更改、契約内容の変更、補充もまた、契約当事者の意思表示の合致によって行われます。したがって、更改、変更、補充の事実を証明する

ために作成される文書も、印紙税法上の契約書になりえます。

（6）念書など当事者の一方のみが作成する文書、一部の署名を欠いた文書で、契約の成立等を証明する文書（④の文言）

　④の文言は、「『念書、請書その他契約の当事者の一方のみが作成する文書』又は『契約の当事者の全部若しくは一部の署名を欠く文書』で、当事者間の了解又は商慣習に基づき契約の成立等を証することとされているものを含む」となっています。

　民法上、契約とは、対立する当事者間における意思表示の合致をいいます。印紙税法基本通達14条もこのことを確認しています。

> 印紙税法基本通達第14条
> 　通則5に規定する「契約」とは、互いに対立する2個以上の意思表示の合致、すなわち一方の申込みと他方の承諾によって成立する法律行為をいう。

　このように、契約とは、対立する当事者間の意思表示の合致をいいますから、一般的に、契約書は、当事者双方が共同して作成しますし、双方の署名がなされます。しかし、これは一般的にそのようにしてなされることが多いというだけです。すなわち、当事者双方が共同して作成することや当事者双方が署名することは、必ずしも必要ではありません。当事者の一方のみが作成する文書や当事者の署名がない文書であっても、当事者間の意思表示の合致を証明していることはありえます。そのような場合には、当該文書は契約書として扱うことが適当です。④の文言は、このことを確認しているといえます。

2 「名称を問わない(①の文言)」の通達及び事例検討

(1) 実質的な判断の対象

　前述のとおり、「契約書」にあたるかどうかは、文書の名称や表題にこだわらず、文書に使われている文言、記載内容を基礎として、実質的に判断します。

　このことを示しているのが印紙税法基本通達3条1項です。

> 印紙税法基本通達第3条1項
> 　文書が課税文書に該当するかどうかは、…単に文書の名称又は呼称及び形式的な記載文言によることなく、その記載文言の実質的な意義に基づいて判断するものとする。

　ここでは、「課税文書」を対象にした定め方になっており、契約書に限定していません。したがって、この項で説明することは、第17号文書においても妥当します。このことは注意してください。

(2) 実質的に判断をするとは？

　では、この「実質的な意義に基づいて判断する」とは、具体的には、どのように判断することをいうのでしょうか。このことを示しているのが印紙税法基本通達3条2項です。

> 印紙税法基本通達第3条2項
> 2　前項における記載文言の実質的な意義の判断は、その文言に記載又は表示されている文言、符号等を基として、その文言、符号等を用いることについての関係法律の規定、当事者間における了解、基本契約又は慣習等を加味し、総合的に行うものとする。

この通達は、まず、実質的に判断するとはいっても、印紙税は文書税である以上、あくまで文書に書かれた文言、符号等を基礎として判断を行うとしています。その上で、その文言、符号等の意味を明らかにするために、以下の要素を加味して総合的に判断するのです。

　　関係法律の規定
　　当事者間における了解
　　基本契約
　　慣習等

　注意を要するのは、実質的に判断とは、文中にない文言を勝手に付け加えることまで許容しているわけではない点です。実質的に判断するとは、あくまで文中の文言の意味を形式的に捉えるのではなく、先に挙げた要素を参考にして実質的に捉えることをいっているにすぎないのです。
　とはいっても、文中の文言は、その意味するところを形式的に判断するのではなく、実質的に判断されますから、文書の作成者にとっては想定外の印紙税課税がされる可能性があります。
　実質的に判断することについて、事例を用いて確認しましょう。

例　お買上げ票

お買上げ票

　平成29年2月15日
　本日は、ご用命、ありがとうございました。
　お買上げ品に不具合などがありましたら、遠慮なく、何なりと、お申し付けくださいますようにお願いいたします。
　　　お買上げ品……バッグ5万4,000円
　　　　　　　　　（内、消費税4,000円）

　　　　　　　　　　　　　　　　　　　ミズノデパート（株）

このお買上げ票は、商品を購入した際にレジスターで印字される、いわゆる、レシートです。さて、このお買上げ票を形式的に読むと、代金を受領したことが書いてあるようには読めません。では、実質的に読むと、どうなるでしょうか。この文書が受取書（第17号の1文書）にあたるか検討してみます。

　この文書が受取書という課税文書にあたるためには、第2章で説明したように、課税事項の記載とその証明目的が必要になります。課税物件表をみると、「売上代金に係る金銭又は有価証券の受取書」（第17号の1文書）の課税事項は、「売上代金に係る金銭等を受領した事実」です。そこで、この文書にそのような記載がなされているか確認します。

　まず、この文書中には、「お買上げ票」、「ご用命、ありがとうございました」、「お買上げ品」、「バッグ5万4,000円」といった文言があります。この文言の意味を形式的に捉える限り、この文書に記載されているのは、「お客がこのデパートで5万4,000円のバッグを買った」という事実だけです。したがって、「売上代金として金銭を受領した事実」という課税事項の記載があるとはいえません。

　しかし、これらの文言の意味を実質的に捉えるとどのようになるでしょうか。

　この文書は、次のような一連の流れの中で作成されています。

ⅰ）お客は、購入を希望する商品を、店員に渡します。
ⅱ）店員がそれを受け取り、お客に、その商品の代金を伝えます。
ⅲ）お客は、店員に商品の代金を現金で渡します。
ⅳ）店員は、お客から受け取った現金をレジに入れ、レジから打ち出される「お買上げ票」というレシートをお客に渡します。

　このような一連の流れを踏まえると、この文書は、店側が金銭を受領した際に作成され、お客に交付されるものであることがわかります。文書の交付を受けたお客としては、これは店側が現金を受領した事実を示した文

書と認識するのが当然でしょう。他方で、店側もそのような文書と認識してお客に交付しているでしょう。

　このような文書のやり取りを行ったお客と店側の認識は、「当事者間における了解」(印紙税法基本通達3条2項) として、先に挙げた文書中の文言の意味を実質的に捉える際の参考材料とすることができます。したがって、「お買上げ品」、「バッグ5万4,000円」という文言の意味を実質的に捉えると、この文書には、「店側がお客から現金54,000円を受領した事実」が記載されているといえます。よって、課税事項の記載があるといえます。

　また、この文書には「ミズノデパート(株)」という記名しかなく署名も押印もありませんが、この一連のやり取りを実質的に捉えれば、店側は現金の受領の事実を証明する目的でこの文書をお客に渡しているといえます。したがって、この文書は、課税事項を証明する目的で作成されたといえます。

　「五万円未満の受取書」という非課税物件にも該当しません。したがって、この文書は、受取書 (第17号の1文書) という課税文書にあたります。

例　注文請書

注　文　請　書

吉岡さゆり殿

　本注文請書は、貴殿の平成29年1月15日付け注文書に基づき作成したものです。

記
　　　注文内容　　吉岡邸の改修工事
　　　注文金額　　金　600万円
　　　施工期日　　平成29年4月30日

平成29年1月20日
　　　　　　　　　　　　　　　　　　山下工務店　印

この注文請書は、工務店に対して自宅の改修工事を依頼した際に工務店から交付された文書です。そこで、請負に関する契約書（第2号文書）にあたるか検討してみます。

　まずは、課税事項の記載とその証明目的があるか確認しましょう。第2章で説明したように、請負に関する契約書の課税事項は、「請負に関する契約の成立事実」でした。

　この注文請書が「契約書」にあたるか確認しましょう。契約とは、民法上、対立する当事者間における意思表示の合致をいうのですから、契約書にあたるためには、申込みの意思表示とそれに対する承諾の意思表示が記載されていることが必要になります。

　ところが、この注文請書に記載された文言の意味を形式的に捉える限り、吉岡さゆりさんの申込みの意思表示とそれに対する山下工務店の承諾の意思表示が記載されているとはいえません。

　しかし、この文言の意味を実質的に捉えるとどのようになるでしょうか。まず、「貴殿の平成29年1月15日付け注文書に基づき」とありますから、「注文内容　吉岡邸の改修工事」、「注文金額　金600万円」、「施工期日　平成29年4月30日」といった文言は、実質的には、吉岡さゆりさんからこのような内容の申込みの意思表示がされたことを意味しています。また、「本注文請書は、貴殿の平成29年1月15日付け注文書に基づき作成した」という文言は、実質的には、このような吉岡さゆりさんの申込みに対する山下工務店の承諾の意思表示を意味しています。したがって、この注文請書は、契約書にあたります。

　さらに、この注文請書には、改修工事という請負に関する契約が成立した事実の記載があるため、課税事項の記載はあります。したがって、この注文請書には、重要事項の記載がありますから、課税事項の記載があるといえます。また、「山下工務店　印」という山下工務店の記名押印がありますから、この注文請書は課税事項を証明する目的で作成されたといえます。

　その上、この文書の契約金額は、600万円という記載がありますので、「契約金額が1万円未満のもの」とする非課税要件に該当しません。

したがって、この注文請書は、請負に関する契約書として、第2号文書になります。

(3) 申込書等と表示された文書の取扱い

文言を実質的に判断することについて、事例を用いて確認をしましたが、かなり難しいと感じた方が多かったのではないでしょうか。

このように、印紙税法基本通達3条によれば、課税文書該当性の判断においては、実質的に判断することが求められます。しかし、全ての文書について、このような個別具体的な判断が要求されるとすれば、判断者ごとに文言の意味の捉え方が異なり、文書の作成者にとっては想定外の印紙税課税がされる可能性が高まります。

それに対処するために、印紙税法基本通達21条2項は、印紙税法上の契約書に関する判断をより画一的に行うため、一定の要件に該当する、「申込書」、「注文書」といった文書について、原則、「契約書」として扱う旨を定めています。

印紙税法基本通達第21条2項

申込書等と表示された文書のうち、次に掲げるものは、原則として契約書に該当するものとする。
(1) 申込書などで、
　① 契約当事者の間の基本契約書、規約又は約款等に基づく申込みであることが記載されていて
　② 一方の申込みにより自動的に契約が成立することとなっている場合
　例外：契約の相手方当事者が別に請書等契約の成立を証明する文書を作成することが記載されているもの
(2) 申込書などで、
　① 見積書その他の契約の相手方当事者の作成した文書等に基づく申込みであることが記載されている
　例外：契約の相手方当事者が別に請書等契約の成立を証明する文書を作成することが記載されているもの

(3) 契約当事者双方の署名又は押印があるもの

　このように、印紙税法基本通達21条2項にあたる文書については、原則として、契約書と扱う旨を定めています。あくまで、「原則として」ではありますが、実務上、課税庁にその例外を認めてもらうことは困難といえるでしょう。

　この通達について、事例を用いて確認をしましょう。

例　注文書その1

```
                注　文　書

甲修理店様
                              平成28年4月1日

基本契約書に基づき、次の通り、注文します。
```

修理対象	個　数	単　価	金　額
家具	5	1万5,000円	7万5,000円

```
                              乙家具店　印
```

```
                基　本　契　約　書

甲と乙とは、以下のとおり、○○の修理に関する基本契約を締結する。

　第1条　乙の注文書は、個々の請負取引の契約内容の確認の証とす
　　　　る。
　第2条　・・・・
                              甲修理店　印
                              乙家具店　印
```

　この注文書は、修理店に対して家具の修理を依頼する際に作成される文

書です。修理は、基本的には請負になりますから、これが請負に関する契約書（第2号文書）にあたるか検討してみます。

この注文書には、乙家具店による申込みの意思表示はありますが、甲修理店による承諾の意思表示がありません。したがって、この注文書だけ見れば、「契約書」にはあたりません。

しかし、注文書によれば、乙家具店の申込みは、「基本契約書に基づ」くものであり、基本契約書によれば、「乙の注文書は、個々の請負取引の契約内容の確認の証とする」こととされています。

したがって、①契約当事者の間の基本契約書に基づく申込みであることが記載されていて、②一方の申込みにより自動的に契約が成立することとなっていると定めている印紙税法基本通達21条2項1号の要件をみたすため、印紙税法上の契約書にあたります。

例　注文書その2

注　文　書

甲工務店殿

　　　貴殿の平成29年2月10日付見積書のとおり、
　　　下記の改築工事をお願いいたします。
　　　　　　　　　　　　　記
　　注文内容　乙邸改築工事
　　注文金額　1千万円

　　平成29年2月28日
　　　　　　　　　　　　　　　　　　　　　　乙　印

この注文書は、一見すると、乙の申込みの意思表示しか記載されていないため、契約書にはあたらないようにも思えます。しかし、この注文書には、「貴殿の平成29年2月10日付見積書のとおり…お願いいたします」

といった文言があります。これは、「相手方当事者の作成した文書等に基づく申込みであることが記載されている」ことを意味します。したがって、この注文書は、印紙税法基本通達21条2項2号の要件をみたすため、印紙税法上の契約書にあたります。

例　申込書

申　込　書

　　吉岡宅の改築工事について、
　　改築代金　　200万円

平成29年2月10日

　　　　　　　　　　申込者　　甲　吉岡一郎　自署
　　　　　　　　　　　　　　　乙　山下工務店　印

　この申込書は、「申込書」という表題からは、甲の申込みの意思表示しか記載されていないため、契約書にはあたらないようにも思えます。
　しかし、この申込書には、甲の自署と乙工務店の記名押印があります。したがって、この申込書は、「契約当事者双方の署名又は押印」があり、印紙税法基本通達21条2項3号の要件をみたすため、印紙税法上の契約書にあたります。

3 「契約の成立等(③の文言)」の通達

　前述のとおり、印紙税法上の「契約書」には、一般的に想定される、「契約の成立」を証明する文書の他に、「契約の更改」、「契約内容の変更」、「補充の事実」を証明する文書もまた含まれます。これらについても、印紙税の課税があるのです。

　では、契約の更改、契約内容の変更、補充とは、具体的にはどのようなことを意味するのでしょうか。これに関して規定している印紙税法基本通達16条から18条を確認しましょう。

印紙税法基本通達第16条
　通則5に規定する「契約の更改」とは、契約によって既存の債務を消滅させて新たな債務を成立させることをいい…

印紙税法基本通達第17条
　通則5に規定する「契約の内容の変更」とは、既に存在している契約(以下「原契約」という。)の同一性を失わせないで、その内容を変更することをいう。

印紙税法基本通達第18条
　通則5に規定する「契約の内容の補充」とは、原契約の内容として欠けている事項を補充することをいう。

　契約の更改の例としては、従来の請負代金債務を消滅させつつ、新たに請負契約を成立させることが挙げられます。

　契約の内容の変更の例としては、既に存在している修理に関する請負契約の1個当たりの単価を1万2,000円から1万5,000円に変更することが挙げられます。

　契約の内容の補充の例としては、原契約の消費貸借契約で定めていなかった、利息を約定することが挙げられます。

4 契約書を複数作成した場合の取扱い

　同一内容の契約書を複数作成した場合、その全てに印紙税が課されるのでしょうか。また、そのうち一部の文書に「写し」と書かれている場合、その写しにも印紙税は課されるのでしょうか。印紙税法基本通達19条は、このような場合の取扱いを定めています。

> **印紙税法基本通達第19条**
> 　契約当事者間において、同一の内容の文書を2通以上作成した場合において、それぞれの文書が課税事項を証明する目的で作成されたものであるときは、それぞれの文書が課税文書に該当する。
> 2　写、副本、謄本等と表示された文書で次に掲げるものは、課税文書に該当するものとする。
> 　(1) 契約当事者の双方又は一方の署名又は押印があるもの（ただし、文書の所持者のみが署名又は押印しているものを除く。）
> 　(2) 正本等と相違ないこと、又は写し、副本、謄本等であることの契約当事者の証明（正本等との割印を含む。）のあるもの（ただし、文書の所持者のみが証明しているものを除く。）

　例えば、実務上、契約書の末尾に、「契約成立の証として、契約書を2通作成し、双方で保管する」といった文言が記載されることがあります。この場合には、印紙税法基本通達19条1項の要件をみたすため、2通ともに印紙税が課されます。

　また、契約当事者が作成した複数の契約書のうち、一部の文書に「写し」と書かれている場合には、印紙税法基本通達19条2項の各号のいずれかにあたる場合には、印紙税が課されます。

・当事者双方又は文書の所持者でない者の署名・押印があるもの
・「正本等と相違ない」「写し、副本等であること」の証明、あるいは、
・正本等との割印のある場合

　以上の各号にあたるような写しの場合には、その写しもまた課税事項を証明する目的で作成されたといえるためです。

第4章 契約金額と記載金額

この章で学ぶこと

- 契約金額の意味を確認しよう。
- 契約金額と記載金額の関係を知ろう。
- 記載金額の計算方法を確認しよう。

1 契約金額

まず、契約金額の定義から確認しましょう。契約金額の定義を明らかにしているのは、印紙税法ではなく、印紙税法基本通達です。通達は、契約金額について具体例を交えつつ、丁寧に説明をしています。そこで、本書の対象とする文書に限って、引用をします。なお、少し長めの引用になるため、内容ごとに区切って引用をします。

> **印紙税法基本通達第23条**
> 課税物件表の第1号、第2号…に規定する「契約金額」とは、次に掲げる文書の区分に応じ、それぞれ次に掲げる金額で、当該文書において契約の成立等に関し直接証明の目的となっているものをいう。

> (1) 第1号の1文書… 譲渡の形態に応じ、次に掲げる金額
>
> > イ 売買 売買金額
> > （例）土地売買契約書において、時価60万円の土地を50万円で売買すると記載したもの
> > 　　　（第1号文書）50万円
> > （注）60万円は評価額であって売買金額ではない。
>
> > ロ 交換 交換金額
> > 　なお、交換契約書に交換対象物の双方の価額が記載されているときはいずれか高い方（等価交換のときは、いずれか一方）の金額を、交換差金のみが記載されているときは当該交換差金をそれぞれ交換金額とする。
> > （例）土地交換契約書において
> > 　1　甲の所有する土地（価額100万円）と乙の所有する土地（価額110万円）とを交換し、甲は乙に10万円支払うと記載したもの
> > 　　　（第1号文書）110万円
> > 　2　甲の所有する土地と乙の所有する土地とを交換し、甲は乙に10万円支払うと記載したもの
> > 　　　（第1号文書）10万円

ハ　代物弁済　代物弁済により消滅する債務の金額
　　なお、代物弁済の目的物の価額が消滅する債務の金額を上回ることにより、債権者がその差額を債務者に支払うこととしている場合は、その差額を加えた金額とする。
　　（例）　代物弁済契約書において
　　　1　借用金100万円の支払いに代えて土地を譲渡するとしたもの
　　　　（第1号文書）100万円
　　　2　借用金100万円の支払いに代えて150万円相当の土地を譲渡するとともに、債権者は50万円を債務者に支払うとしたもの
　　　　（第1号文書）150万円

ニ　法人等に対する現物出資　出資金額

ホ　その他　譲渡の対価たる金額
　（注）　贈与契約においては、譲渡の対価たる金額はないから、契約金額はないものとして取り扱う。

(2)　第1号の2文書　　設定又は譲渡の対価たる金額
　なお、「設定又は譲渡の対価たる金額」とは、賃貸料を除き、権利金その他名称のいかんを問わず、契約に際して相手方当事者に交付し、後日返還されることが予定されていない金額をいう。したがって、後日返還されることが予定されている保証金、敷金等は、契約金額には該当しない。

(3)　第1号の3文書　　消費貸借金額
　なお、消費貸借金額には利息金額を含まない。

(4)　第1号の4文書　　運送料又は用船料

(5)　第2号文書　　請負金額

1点だけ注意を要するのが、柱書にある「当該文書において契約の成立等に関し直接証明の目的となっているものをいう」という文言です。これは、文書に記載された金額は、証明の対象となる場合に限って、契約金額となることを意味しています。事例を用いて確認しましょう。

工事請負変更契約書

　当社は、貴社との間で締結した「工事請負契約書」の第3条を次のとおり変更します。

　1　契約日　　　　　平成28年9月1日
　2　契約金額　　　　300万円
　3　変更する事項　　引渡期日
　（変更前）第3条（引渡期日）
　　　　　この契約に基づき完成した物の引渡しは、平成28年12月1日とする。
　（変更後）第3条（引渡期日）
　　　　　この契約に基づき完成した物の引渡しは、平成29年3月1日とする。

　　　　　　　　　　　　　　　　　　　　　　　　甲　印
　　　　　　　　　　　　　　　　　　　　　　　　乙　印

　前提として、事例の変更契約書に記載されている、平成28年9月1日に締結された工事請負契約書については、契約書が作成され、印紙税が課されています。
　この文書は、「請負の期日」という重要事項が記載されており、請負期日という契約内容の変更を証明する文書ですから、契約書にあたります。
　では、契約金額はいくらでしょうか。一見すると、「契約金額」として記載されている300万円が契約金額にあたるようにも思えます。しかし、この文書が作成されたのは、請負期日の変更を証明するためです。既に締

結された請負契約の代金を、改めて証明するためではありません。したがって、この「300万円」という金額は、この文書では証明の対象とはなっていないため、契約金額にはなりません。よって、この文書は、「契約金額の記載のない契約書」となり、課税物件表によれば、その印紙税額は200円となります。

このように文書に金額が記載されていても、それが証明の対象となっていなければ、契約金額にはなりませんので、注意してください。

2 記載金額

(1) 記載金額とは

続いて、記載金額の定義を確認しましょう。記載金額と契約金額は、言葉の上では、よく似ていますが、両者の関係はどのようなものでしょうか。通則4を見てください。

> 通則4
> この表の課税標準及び税率の欄の税率又は非課税物件の欄の金額が契約金額、券面金額その他当該文書により証されるべき事項に係る金額（以下この4において「契約金額等」という。）として当該文書に記載された金額（以下この4において「記載金額」という。）を基礎として定められている場合における当該金額の計算については、次に定めるところによる。

通則4によれば、契約金額、券面金額、その他当該文書により証明対象となるべき事項に係る金額を「契約金額等」と定義づけています。それに対して、この契約金額等が文書に記載された金額を「記載金額」と定義づけています。

(2) 記載金額の計算方法

ここでは記載金額の計算方法を説明します。例えば、ある請負契約書に、A工事を200万円、B工事を300万円と記載されている場合、記載金額はいくらになるでしょう。200万円または300万円となるのでしょうか。それとも、両者を合算した500万円となるのでしょうか。印紙税法上、このような記載金額の計算方法を示しているのが先に挙げた、以下の通則4です。

> **通則4**
> この表の…当該金額の計算については、次に定めるところによる。
> イ 当該文書に二以上の記載金額があり、かつ、これらの金額が同一の号に該当する文書により証されるべき事項に係るものである場合には、これらの金額の合計額を当該文書の記載金額とする。
> ロ 当該文書が2の規定によりこの表の二以上の号に該当する文書である場合には、次に定めるところによる。
> 　（一） 当該文書の記載金額を当該二以上の号のそれぞれに掲げる文書により証されるべき事項ごとに区分することができるときは、当該文書が3の規定によりこの表のいずれの号に掲げる文書に所属することとなるかに応じ、その所属する号に掲げる文書により証されるべき事項に係る金額を当該文書の記載金額とする。

　通則4を少しだけ引用しましたが、いかがでしたでしょうか。難しいと思われた方も多かったと思います。そこで、印紙税法基本通達は、この通則4に書かれたことを、具体例を交えつつ、よりわかりやすく説明をしています。具体的には、通則4については、印紙税法基本通達24条、25条、30条に分けて説明がされています。そのため、通則4は、印紙税法基本通達を読む際に、必要に応じて確認をすれば足ります。

　また、印紙税法基本通達は、通則4に書かれていない記載金額の計算方法についても26条から35条にかけて、詳細に説明をしています。

　このように、印紙税法基本通達が定めている記載金額の計算方法は分量が多いため、以下では、特に説明が必要となる24条に限って引用をします。

> **印紙税法基本通達第24条**
> 　通則4に規定する記載金額の計算は、次の区分に応じ、それぞれ次に掲げるところによる。

(1) 一の文書に、課税物件表の同一の号の課税事項の記載金額が 2 以上ある場合
　　当該記載金額の合計額

（例）
1　請負契約書
　　A 工事 200 万円、B 工事 300 万円
　　（第 2 号文書）500 万円
2　不動産及び鉱業権売買契約書
　　不動産 1,200 万円、鉱業権 400 万円
　　（第 1 号文書）1,600 万円

(2) 一の文書に、課税物件表の 2 以上の号の課税事項が記載されているものについて、その記載金額をそれぞれの課税事項ごとに区分することができる場合
　　当該文書の所属することとなる号の課税事項に係る記載金額

（例）
1　不動産及び債権売買契約書
　　不動産 700 万円、債権 200 万円
　　（第 1 号文書）700 万円
2　不動産売買及び請負契約書
　　（不動産売買）
　　土地 300 万円、家屋 100 万円　　（第 2 号文書）
　　（請負）　　　　　　　　　　　　600 万円
　　A 工事 400 万円、B 工事 200 万円

(3) 一の文書に、課税物件表の 2 以上の号の課税事項が記載されているものについて、その記載金額をそれぞれの課税事項ごとに区分することができない場合
　　当該記載金額

（例）不動産及び債権の売買契約書
　　　不動産及び債権 500 万円
　　　（第 1 号文書）500 万円

(4) 第17号の1文書であって、その記載金額を売上代金に係る金額とその他の金額とに区分することができる場合
当該売上代金に係る金額

（例）貸付金元本と利息の受取書
　　　貸付金元本200万円、貸付金利息20万円
　　　（第17号の1文書）20万円

(5) 第17号の1文書であって、その記載金額を売上代金に係る金額とその他の金額とに区分することができない場合
当該記載金額

（例）貸付金元本及び利息の受取書
　　　貸付金元本及び利息210万円
　　　（第17号の1文書）210万円

(6) 記載された単価及び量、記号その他により記載金額を計算することができる場合
その計算により算出した金額

（例）物品加工契約書
　　　A物品単価500円、数量10,000個
　　　（第2号文書）500万円

(7) 第1号文書又は第2号文書であって、当該文書に係る契約についての契約金額若しくは単価、数量、記号その他の記載のある見積書、注文書その他これらに類する文書（課税物件表の課税物件欄に掲げる文書を除く。）の名称、発行の日、記号、番号その他の記載があることにより、当事者間において当該契約金額が明らかである場合又は当該契約金額の計算をすることができる場合その明らかである金額又はその計算により算出した金額

(例)
1 契約金額が明らかである場合
工事請負注文請書
「請負金額は貴注文書第××号のとおりとする。」と記載されている工事請負に関する注文請書で、注文書に記載されている請負金額が500万円
（第2号文書）500万円
2 契約金額の計算をすることができる場合
物品の委託加工注文請書
(1) 「加工数量及び加工料単価は貴注文書第××号のとおりとする。」と記載されている物品の委託加工に関する注文請書で、注文書に記載されている数量が1万個、単価が500円
（第2号文書）500万円
(2) 「加工料は1個につき500円、加工数量は貴注文書第××号のとおりとする。」と記載されている物品の委託加工に関する注文請書で、注文書に記載されている加工数量が1万個
（第2号文書）500万円
3 通則4のホの（二）の規定の適用がない場合
物品の委託加工注文請書
「加工数量は1万個、加工料は委託加工基本契約書のとおりとする。」と記載されている物品の委託加工に関する注文請書
（第2号文書）記載金額なし

(8) 第17号の1文書であって、受け取る有価証券の発行者の名称、発行の日、記号、番号その他の記載があることにより、当事者間において売上代金に係る受取金額が明らかである場合その明らかである受取金額

（例）物品売買代金の受取書
○○（株）発行のNo.××の小切手と記載した受取書
（第17号の1文書）当該小切手の券面金額

> (9) 第17号の1文書であって、受け取る金額の記載のある支払通知書、請求書その他これらに類する文書の名称、発行の日、記号、番号その他の記載があることにより、当事者間において売上代金に係る受取金額が明らかである場合その明らかである受取金額
>
> (例) 請負代金の受取書
>   ○○（株）発行の支払通知書No.××と記載した受取書
>   （第17号の1文書）当該支払通知書の記載金額

（3）計算方法の注意点

注意点①

　(2)、(3) は、ある文書が課税物件表の複数の号に該当した場合の記載金額の取扱いを示しています。ある文書が課税物件表の複数の号に該当した場合には、その文書をどの号の文書として扱うのか決定する必要があります。これを、文書の所属の決定といいますが、これは次章で説明します。そのため、(2)、(3) については、次章を読んでから再度、読み返すとよくわかると思います。

注意点②

　(4)、(5) は、第17号の1文書の記載金額の取扱いを示しています。この (4)、(5) は、(1)～(3) に優先して適用がされます。例えば、ある文書が第17号の1文書にあたり、そこに貸付金元本と貸付金利息が別々に記載されている場合、(1) によれば、その合算額が記載金額になりますが、(4) によれば、売上代金である貸付金利息のみが記載金額になります。この場合、(4) は、(1) に優先して適用されますから、貸付金利息のみが記載金額になります。(4)、(5) が、(1)～(3) に優先して適用されるのは、通則4がそのように定めているためです（通則4ハ柱書）。

　この点に関して誤解しやすいのは次の点です。この (4)、(5) が、(1)～(3) に優先して適用されるのは、課税物件表の「課税標準及び税率」の欄に書かれている、「受取金額」の計算においてです。その隣の「非課税物件」の欄に書かれている、「受取金額」の計算では、原則どおり、(1)

第4章　契約金額と記載金額

が適用されます。これは、通則4が、(4)(5)の優先適用を「税率の適用」に限って認めているためです（通則4ハ柱書）。税率の適用とは、課税標準及び税率を意味します。印紙税法基本通達34条もこのことを確認しています。

> **印紙税法基本通達第34条**
> 課税物件表第17号の非課税物件欄1に該当するかどうかを判断する場合には、通則4のイの規定により売上代金に係る金額とその他の金額との合計額によるのであるから留意する。

したがって、例えば、貸付金元本4万円と貸付金利息1万円が別々に記載されている受取書（第17号の1文書）において、課税標準及び税率の欄に書かれた売上代金に係る「受取金額」は、(4)により貸付金利息の1万円となります。しかし、非課税物件の欄に書かれた「受取金額」は、(1)により貸付金元本と利息の合計額5万円となり、非課税物件に該当しません。この点は、実務上、重要であり、かつ、非常に紛らわしい点であるため、注意が必要です。

注意点③
(7)～(9)は、その文書それ自体からは記載金額が明らかではないものの、他の文書を合わせることで記載金額を明らかにできる場合の取扱いを示しています。

第5章 所属の決定

この章で学ぶこと

- 所属の決定方法が問題となる場面を確認しよう。
- 所属の決定方法を確認しよう。

1 所属の決定とは

　ある文書が課税物件表の複数の号に該当する場合に、その文書をどの号の文書として扱うのか決定する必要があります。例えば、ある契約書が、第1号文書と第2号文書に該当する場合、その契約書を第1号文書と第2号文書のいずれにするのかを決める、これを、文書の所属の決定といいます。いずれかの文書に決めないと、印紙税額が決められないため、この所属の決定が必要になります。次の例で確認しましょう。

例　土地売買及び建築請負契約書

土地売買及び建築請負契約書

　甲と乙とは、甲は、乙に対して、A土地を売却し、その土地上にB建物を建築することを約する。
　（契約金額）
　　土地売買代金　2,000万円
　　建物建築代金　1,000万円
　（施工期日）平成29年12月20日まで
　なお、上記契約代金は、契約日において全額を収受するものとし、本日、甲はこれを受領しました。

　平成29年2月10日

　　　　　　　　　　　　　　　　　　甲　山下工務店　印
　　　　　　　　　　　　　　　　　　乙　吉岡一郎　　印

　結論からいえば、この文書は、不動産の譲渡に関する契約書（第1号の1文書）、請負に関する契約書（第2号文書）、売上代金に係る金銭の受取書（第17号の1文書）に該当します。
　印紙税額を算定するためには、この文書に「課税標準及び税率」を適用する必要がありますが、このままではどの号の課税標準及び税率を適用す

ればいいのか定まりません。このように、ある文書が課税物件表の複数の号に該当する場合には、1つの号の文書にその所属を決定する必要が生じるのです。

2 所属の決定方法

印紙税法上、所属の決定方法について定めているのは、通則2と3です。しかし、これを読み解くのは、最初は、非常に困難です。
でも、次第に慣れていきますので、安心してください。

印紙税法基本通達は、この通則2と3に書かれたことを、具体例を交えつつ、よりわかりやすく説明をしています。

通則2については→印紙税法基本通達10条
通則3については→印紙税法基本通達11条

そのため、実務上は、通則2と3に代えて、印紙税法基本通達10条、11条を読めば足ります。

以下では、特に重要な11条のうち、本書の対象とする4つの文書について定めた部分に限って挙げておきます。

> 印紙税法基本通達第11条
> 　一の文書が、課税物件表の2以上の号に掲げる文書に該当する場合の当該文書の所属の決定は、通則3の規定により、次の区分に応じ、それぞれ次に掲げるところによる。

初心者がここだけ読むと混乱しそうです。

慣れると、何でもなくなりますので、最初は、さらっと読んで、わかるところがあれば、それでよいぐらいにしてください。

(1) 第1号に掲げる文書 VS 第3号〜第17号文書

　（例外：(3) 又は (4) に該当する文書）

第1号文書

> （例）不動産及び債権売買契約書（第1号文書 vs 第15号文書）
> 　　第1号文書

(2) 第2号文書 vs 第3号～第17号文書

（例外：(3) 又は (4) に該当する文書）

第2号文書

> （例）工事請負及びその工事の手付金の受取事実を記載した契約書（第2号文書と第17号文書）第2号文書

(3) 契約金額記載なしの第1号文書・第2号文書 vs 第7号文書

第7号文書

> （例）
> 1 継続する物品運送についての基本的な事項を定めた記載金額のない契約書（第1号文書と第7号文書）
>   第7号文書
> 2 継続する請負についての基本的な事項を定めた記載金額のない契約書（第2号文書と第7号文書）
>   第7号文書

(4) 第1号・第2号文書ｖｓ第17号文書

　　ⅰ）売上代金100万円超の記載、かつ、その金額が第1号・第2号文書の契約金額（又はその合計額）を超える

　　ⅱ）売上代金100万円超の記載、かつ、第1号・第2号文書に契約金額の記載のないもの

第17号の1文書

> （例）
> 1 売掛金800万円のうち600万円を領収し、残額200万円を消費貸借の目的とすると記載された文書（第1号文書と第17号の1文書）
>   第17号の1文書
> 2 工事請負単価を定めるとともに180万円の手付金の受取事実を記載した文書（第2号文書と第17号の1文書）
>   第17号の1文書

(5) 第1号文書ｖｓ第2号に掲げる文書に該当する文書

　　（例外：(6) に該当する文書）

第1号文書

> （例）
> 1　機械製作及びその機械の運送契約書（第1号文書と第2号文書）
> 　　第1号文書
> 2　請負及びその代金の消費貸借契約書（第1号文書と第2号文書）
> 　　第1号文書

(6) 第1号文書ｖｓ第2号文書

　　ⅰ）課税事項ごとの契約金額を区分することができ

　　ⅱ）かつ、第2号文書＞（契約金額）＞第1号文書

第2号文書

> （例）
> 1　機械の製作費20万円及びその機械の運送料10万円と記載された契約書（第1号文書と第2号文書）
> 　　第2号文書
> 2　請負代金100万円、うち80万円を消費貸借の目的とすると記載された契約書（第1号文書と第2号文書）
> 　　第2号文書

3 所属の決定方法の注意点

(1) 注意点①
適用の優先順位：(3)(4) ＞優先＞ (1)(2)

(1)～(6)の位置づけについては、(3)、(4)は、(1)、(2)に優先して適用がされます。(1)、(2)のかっこ書きで、「(ただし、(3)(4)に該当する文書を除く。)」とされているためです。

- 第1号文書又は第2号文書と第7号文書に該当する場合
    → 先に (3) を見る
- 第1号文書又は第2号文書と第17号文書に該当する場合
    → 先に (4) を見る

適用の優先順位：(6) ＞優先＞ (5)

(6)は、(5)に優先して適用がされます。(5)のかっこ書きで、「(ただし、(6)に該当する文書を除く。)」とされているためです。

- 第1号文書と第2号文書に該当する場合
    → 先に (6) を見る

(2) 注意点②
以下の例のように、ある文書が3つ以上の号に該当する場合には、この(1)～(6)を複数、適用することで所属の決定を行います。

例：土地売買及び建築請負契約書
{
不動産の譲渡に関する契約書（第1号の1文書）
請負に関する契約書（第2号文書）
売上代金に係る金銭の受取書（第17号の1文書）

ⅰ) まず、(5)、(6) を適用して、第1号文書なのか第2号文書なのかを決定します。

ⅱ) その上で、(1)～(4) を適用して、第1号文書又は第2号文書なのか第17号文書なのかを決定します。

(3) 注意点③

　所属の決定は、印紙税法基本通達11条によれば、2以上の号に掲げる文書に該当する場合に問題となります。したがって、例えば、ある文書に、売上代金に係る金銭とそれ以外の金銭を受領した事実が記載されている場合、第17号の1文書なのか第17号の2文書なのか問題になりますが、これは所属の決定の問題ではありません。いずれも17号という同一の号の文書だからです。

第6章 主要文書における課否判断

この章で学ぶこと

- 主要文書における課否判断を身に付けよう。
- 課否判断手順をもとに事例を検討してみよう。

1　主要文書における課否判断の手順

　印紙税法の別表第一の課税物件表では、第1号文書から第20号文書までの課税文書が列挙されていますが、本書では、そのうち第1号文書、第2号文書、第7号文書、第17号文書の4つの主要文書を取り上げて説明しています。

　この4つの課税文書を類型的に分けると以下のようになります。

［契約書等の類型］第1号文書、第2号文書、第7号文書
　　第1号の1文書　…　不動産等又は営業の譲渡に関する契約書
　　第1号の2文書　…　土地の賃借権の設定等に関する契約書
　　第1号の3文書　…　消費貸借に関する契約書
　　第1号の4文書　…　運送に関する契約書
　　第2号文書　………　請負に関する契約書
　　第7号文書　………　継続的取引の基本となる契約書

［受取書の類型］第17号文書
　　第17号の1文書　…　売上代金に係る金銭又は有価証券の受取書
　　第17号の2文書　…　売上代金以外の金銭又は有価証券の受取書

　この2つの類型の違いは、課税文書になるかどうかについての課否判断をする際の判断手順が異なる点にあります。
　類型ごとの課否判断の手順は以下のとおりです。

［契約書等の類型］
第1号文書、第2号文書の課否判断の手順

① 印紙税法上の契約成立事実（課税事項）の記載があるか
② 当事者間で課税事項を証明する目的で作成された文書か
③ 重要事項の記載があるか

④ 非課税文書に該当しないか
⑤ 契約金額の記載があるか
⑥ 印紙税額はいくらか（課税標準及び税率のどれに該当するか）

第7号文書の課否判断の手順

① 営業者間の取引であるか
② 売買、売買の委託、運送、運送取扱い、請負に関するものか
③ 2回以上の取引か
④ 契約期間の定めがないか、契約期間が3か月を超えるか、契約期間が3か月以内でも期間の更新に関する定めがあるか
⑤ 目的物の種類、取扱数量、単価、支払方法、損害賠償の方法、再販売価格の事項を1つ以上定めているか
⑥ 契約金額の記載があるか（所属の決定が問題となる場合のみ）
⑦ 印紙税額はいくらか（課税標準及び税率のどれに該当するか）

［受取書の類型］

第17号文書の課否判断の手順

① 金銭などの受領の事実を証明しているか
② 営業に関しないものでないか
③ 受取金額が合計5万円以上か
④ 売上代金かそれ以外の受取原因の記載があるか
⑤ 印紙税額はいくらか（課税標準及び税率のどれに該当するか）

　課税文書の課否判断の考え方を身に付けるためには、法令、通達、別表第一の課税物件表を重視することが重要です。
　また、多数の事例に当たり、課否判断の手順を身に付ける必要があります。
　次からは、個別に第1号、第2号、第7号、第17号文書の課否判断を見ていきましょう。

2 第1号文書

(1) 第1号文書の課否判断の基礎となるもの

第1号文書の事例を検討する際、課否判断の基礎となるものは、課税事項、証明目的、重要事項、非課税要件、課税標準及び税率です。

ア 課否判断の手順

第1号文書の課否判断では、以下のことを順に検討します。

> ① 印紙税法上の契約成立事実（課税事項）の記載があるか
> ② 当事者間で課税事項を証明する目的で作成された文書か
> ③ 重要事項の記載があるか
> ④ 非課税文書に該当しないか
> ⑤ 契約金額の記載があるか
> ⑥ 印紙税額はいくらか（課税標準及び税率のどれに該当するか）

イ 重要事項

第1号文書における重要事項は以下のとおりです。

第1号文書の重要事項は、契約書の内容により適用される重要事項が異なりますので、注意が必要です。第1号の1文書と、第1号の2文書のうち、地上権又は土地の賃借権の譲渡に関する契約書は、重要事項が同じです。しかし、第1号の2文書のうち、地上権又は土地の賃借権の設定に関する契約書は、重要事項が異なります。さらに、第1号の3文書、そして第1号の4文書の重要事項も異なります。

> 第1号の1文書
> 第1号の2文書のうち、地上権又は土地の賃借権の譲渡に関する契約書
>
> （1）目的物の内容
> （2）目的物の引渡方法又は引渡期日
> （3）契約金額

(4) 取扱数量
(5) 単価
(6) 契約金額の支払方法又は支払期日
(7) 割戻金等の計算方法又は支払方法
(8) 契約期間
(9) 契約に付される停止条件又は解除条件
(10) 債務不履行の場合の損害賠償の方法

第1号の2文書のうち、地上権又は土地の賃借権の設定に関する契約書

(1) 目的物又は被担保債権の内容
(2) 目的物の引渡方法又は引渡期日
(3) 契約金額又は根抵当権における極度金額
(4) 権利の使用料
(5) 契約金額又は権利の使用料の支払方法又は支払期日
(6) 権利の設定日若しくは設定期間又は根抵当権における確定期日
(7) 契約に付される停止条件又は解除条件
(8) 債務不履行の場合の損害賠償の方法

第1号の3文書

(1) 目的物の内容
(2) 目的物の引渡方法又は引渡期日
(3) 契約金額(数量)
(4) 利率又は利息金額
(5) 契約金額(数量)又は利息金額の返還(支払)方法又は返還(支払)期日
(6) 契約期間
(7) 契約に付される停止条件又は解除条件

(8) 債務不履行の場合の損害賠償の方法

| 第1号の4文書 |

(1) 運送又は請負の内容（方法を含む。）
(2) 運送又は請負の期日又は期限
(3) 契約金額
(4) 取扱数量
(5) 単価
(6) 契約金額の支払方法又は支払期日
(7) 割戻金等の計算方法又は支払方法
(8) 契約期間
(9) 契約に付される停止条件又は解除条件
(10) 債務不履行の場合の損害賠償の方法

ウ 非課税要件

　課税物件表の第1号文書の「非課税物件」の欄に記載されている非課税要件は以下のとおりです。したがって、この非課税要件に該当しないこと、つまり、非課税文書に該当しないことが、課税要件になります。

| ＜非課税物件＞ |

1　契約金額の記載のある契約書（課税物件表の適用に関する通則3イの規定が適用されることによりこの号に掲げる文書となるものを除く。）のうち、当該契約金額が1万円未満のもの

エ 課税標準及び税率

　課税物件表の第1号文書の「課税標準及び税率」の欄によって、印紙税額が決まります。その基礎になるのが、記載金額があるかどうか、記載金額があるとして、その額はいくらかです。それによって、印紙税額が決

まります。

<課税標準及び税率>	
1　契約金額の記載のある契約書　次に掲げる契約金額の区分に応じ、1通につき、次に掲げる税率とする。	
10万円以下のもの	200円
10万円を超え50万円以下のもの	400円
50万円を超え100万円以下のもの	1千円
100万円を超え500万円以下のもの	2千円
500万円を超え1千万円以下のもの	1万円
1千万円を超え5千万円以下のもの	2万円
5千万円を超え1億円以下のもの	6万円
1億円を超え5億円以下のもの	10万円
5億円を超え10億円以下のもの	20万円
10億円を超え50億円以下のもの	40万円
50億円を超えるもの	60万円
2　契約金額の記載のない契約書　1通につき	200円

（2）第1号文書の課否判断を身に付ける

第1号文書の課否判断について、取り上げます。
第1号文書を使って、課税文書の課否判断を身に付けましょう。

例1　土地賃貸借契約書その1

土地賃貸借契約書

　賃貸人甲株式会社（以下「甲」という）と賃借人乙株式会社（以下「乙」という）とは、以下のとおり、土地賃貸借契約を締結する。

第1条　甲は乙に対し、甲所有の契約書末尾記載の土地（以下「本件土地」という）を、資材置き場として賃貸することを約し、乙はこれを賃借することを約した。

第2条 乙は甲に対し、本件土地の賃借料として、月額50万円を支払うものとし、月末迄に、甲の指定する銀行口座に振込送金にて支払うものとする。

第3条 乙は甲に対し、返還不要の保証金として、300万円を支払うものとする。

賃貸人　甲株式会社　印
賃借人　乙株式会社　印

例1の土地賃貸借契約書は、甲所有の土地に乙の賃借権を設定する契約書ですから、「土地の賃借権の設定に関する契約書」という第1号の2文書に該当するか否かを検討することになります。

まず、第1号文書の課否判断手順を思い出してください。

もう一度、第1号文書の課否判断の手順を示します。

第1号文書の課否判断の手順

① 印紙税法上の契約成立事実（課税事項）の記載があるか
② 当事者間で課税事項を証明する目的で作成された文書か
③ 重要事項の記載があるか
④ 非課税文書に該当しないか
⑤ 契約金額の記載があるか
⑥ 印紙税額はいくらか（課税標準及び税率のどれに該当するか）

以上の判断手順に沿って要件等を1つひとつ検討していきます。

このように課否判断における①から⑥までの検討事項を毎回1つひとつ根気よく検討してください。印紙税の課否判断ができるようになるためには、これを1つひとつ検討する癖をつけて、手順を覚えてしまうことが近道です。

以下に例1の事例が第1号の2文書に該当するか否かを①～⑥に沿っ

て検討をしていきます。

① 印紙税法上の契約成立事実（課税事項）の記載があるか

　この契約の当事者甲乙は、契約書の第1条で、甲所有の土地を乙が賃借する旨の合意をしています。よって、第1号の2文書の「土地の賃借権の設定に関する契約」の成立事実に関する課税事項の記載があるといえます。

② 当事者間で課税事項を証明する目的で作成された文書か

　この契約書には、甲と乙の記名押印があるので、この契約書は、甲乙間での「土地の賃借権の設定に関する契約」の成立事実（課税事項）を証明する目的で作成された文書であるといえます。

③ 重要事項の記載があるか

　以下に、第1号の2文書のうち、土地の賃借権の設定に関する契約書の重要事項を示します。

　（1）目的物又は被担保債権の内容
　（2）目的物の引渡方法又は引渡期日
　（3）契約金額又は根抵当権における極度金額
　（4）権利の使用料
　（5）契約金額又は権利の使用料の支払方法又は支払期日
　（6）権利の設定日若しくは設定期間又は根抵当権における確定期日
　（7）契約に付される停止条件又は解除条件
　（8）債務不履行の場合の損害賠償の方法

　では、この契約書に重要事項の記載はあるでしょうか。
　この契約書には、甲所有の土地を賃借する旨の記載があるので、重要な事項の一覧表（1）の「目的物の内容」という重要事項の記載があります。重要事項は1つでも記載していれば、重要事項の記載があるといえます

ので、これだけでも、この契約書には重要事項の記載があることなります。

また、この契約書の第3条には、返還不要の保証金の金額が記載されています。返還不要の保証金は、甲の土地に賃借権を設定したことの対価ですから、契約金額になります。契約金額は、重要な事項の一覧表（5）に挙げられていますので、これも重要事項の記載になります。

よって、この契約書には重要事項の記載があるといえます。

④ 非課税文書に該当しないか

第1号文書の非課税要件は、下記の課税物件表の「非課税物件」の欄を見てください。その欄に、第1号文書の非課税要件が明らかにされています。

第1号文書の非課税要件は、契約金額の記載がある契約書では、契約金額が1万円未満であることです。

この土地賃貸借契約書の契約金額は、保証金の300万円で、1万円未満に該当しません。したがって、この契約書は、非課税要件に該当しませんので、非課税文書に該当しません。

⑤ 契約金額の記載があるのか

この土地賃貸借契約書には返還不要の保証金として300万円の記載があり、この300万円が記載金額となります。

⑥ 印紙税額はいくらか

課税物件表の「課税標準及び税率」の欄を見てください。
この契約書の記載金額は300万円です。この金額は「課税標準及び税率」の欄の「100万円を超え500万円以下のもの」に該当します。

したがって、この契約書の印紙税額は2,000円になります。

以上より、この契約書は第1号の2文書に該当し、印紙税額は2,000円となります。

別表第一の課税物件表　（第1号文書）

<課税標準及び税率>

1　契約金額の記載のある契約書　次に掲げる契約金額の区分に応じ、1通につき、次に掲げる税率とする。

契約金額	税率
10万円以下のもの	200円
10万円を超え50万円以下のもの	400円
50万円を超え100万円以下のもの	1千円
100万円を超え500万円以下のもの	2千円
500万円を超え1千万円以下のもの	1万円
1千万円を超え5千万円以下のもの	2万円
5千万円を超え1億円以下のもの	6万円
1億円を超え5億円以下のもの	10万円
5億円を超え10億円以下のもの	20万円
10億円を超え50億円以下のもの	40万円
50億円を超えるもの	60万円

2　契約金額の記載のない契約書　1通につき　200円

<非課税物件>

1　契約金額の記載のある契約書（課税物件表の適用に関する通則3イの規定が適用されることによりこの号に掲げる文書となるものを除く。）のうち、当該契約金額が1万円未満のもの

例2　土地賃貸借契約書その2

土地賃貸借契約書

　賃貸人甲株式会社（以下「甲」という）と賃借人乙株式会社（以下「乙」という）とは、以下のとおり、土地賃貸借契約を締結する。

第1条　甲は乙に対し、甲所有の契約書末尾記載の土地（以下「本件土地」という）を資材置き場として賃貸することを約し、乙はこれを賃借することを約した。

第2条　乙は甲に対し、本件土地の賃借料として、月額50万円を支払うものとし、月末迄に、甲の指定する銀行口座に振込送金にて支払うものとする。なお、契約開始月の賃借料の50万円については、乙は本日支払い、甲はこれを受領した。

第3条　乙は甲に対し、返還不要の保証金として、300万円を支払うのものとする。

　　　　　　　　　　　　　　賃貸人　　甲株式会社　印
　　　　　　　　　　　　　　賃借人　　乙株式会社　印

　例2の土地賃貸借契約書その2は、2つの課税文書を含んでいます。
① 第1条において、土地の賃貸借の合意をしていますから、第1号の2文書（土地の賃借権の設定に関する契約書）の課税要件を満たしているか否かの判断が必要になります。
② 第2条には、賃借料50万円を受領した旨の記載がありますので、第17号の1文書（売上代金に係る金銭の受取書）の課税要件を満たしているか否かの判断が必要になります。

　さらに、1つの土地賃貸借契約書の上に、2つの課税事項の記載があるとすれば、印紙税額の計算をするために、どちらの課税文書とするのか文書の所属を決定する必要もあります。

　本来なら、ここで各々の課税要件が満たされているかを検討すべきですが、例1と例2の違いは、例2の第2条になお書きの賃借料50万円の受領事実が加わったことだけですから、第1号文書の課税要件に該当するかどうかについては、例1の説明を参照してください。

　ここでは、第17号文書の課税要件に該当するか否かの検討と、第1号文書と第17号文書の所属の決定がポイントになります。

　まず、第17号文書の課税要件に該当するか否かを検討します。
受取書である第17号文書の課否判断は以下のような手順で行います。

第17号文書の課否判断の手順

① 金銭などの受領の事実を証明しているか
② 営業に関しないものでないか
③ 受取金額が合計5万円以上か
④ 売上代金かそれ以外の受取原因の記載があるか
⑤ 印紙税額はいくらか（課税標準及び税率のどれに該当するか）

以下、課否判断の手順に沿って1つひとつ検討しましょう。

① 金銭などの受領の事実を証明しているか

この契約書の2条には、「なお、契約開始月の賃借料の50万円については、乙は本日支払い、甲はこれを受領した」という記載があります。これは、甲が乙から50万円の金銭を受領した事実（課税事項）を記載しているといえます。

また、この第17号文書の課税事項に関しては、乙が賃借料50万円を支払い、甲が受け取っているので、作成者は甲になりますが、甲は、この契約書末尾で記名押印しているので、金銭の受領事実を証明しているといえます。

なお、この契約書の第3条では、返還不要の保証料として300万円を支払うことにはなっていますが、その金銭を受領したとの記載がありませんので、受領の事実はないことになります。

② 営業に関しないものでないか

作成者は会社ですから、この土地賃貸借契約は「営業に関しないもの」には該当しません。

③ 受取金額が合計5万円以上か

課税物件表の「非課税物件」の欄を見ると、第17号文書の非課税要件の金額は5万円未満ですから、記載金額が5万円以上であれば、非課税文書に該当せず、課税文書に該当することになります。

この契約書で第17号文書に関する記載金額は50万円ですから、記載金額は5万円以上となり、非課税要件には該当しません。

④ 売上代金かそれ以外の受取原因の記載があるか

　この土地賃貸借契約書では、「賃借料として」、50万円を受領したことが記載されています。賃借料は、賃借の対価ですので、「売上代金」に係る金銭になります。

　したがって、本件では売上代金の受取原因の記載があるといえます。

⑤ 印紙税額はいくらか

　この土地賃貸借契約書について、印紙税額を確定するには、第1号の2文書と第17号の1文書のいずれの課税文書とするか、その所属を決定する必要があります。

（前述した第5章所属の決定の2（4）第1号文書・第2号文書VS第17号文書（P.73）を参照してください。）

　ここでは、通則3イにしたがって考えましょう。

通則3

イ　第1号又は第2号に掲げる文書と第3号から第17号までに掲げる文書とに該当する文書は、1号又は第2号に掲げる文書とする。ただし、第1号又は第2号に掲げる文書で契約金額の記載のないものと第7号に掲げる文書とに該当する文書は、同号に掲げる文書とし、第1号又は第2号に掲げる文書と第17号に掲げる文書とに該当する文書のうち、当該文書に売上代金（同号の定義の欄1に規定する売上代金をいう。以下この通則において同じ。）に係る受取金額（100万円を超えるものに限る。）の記載があるもので、当該受取金額が当該文書に記載された契約金額（当該金額が2以上ある場合には、その合計額）を超えるもの又は契約金額の記載のないものは、同号に掲げる文書とする。

　この規定によれば、所属決定の優先順位は次のようになります。

① 原則　第1号文書＞第17号文書（次の②③に該当しない文書)

② 例外　第1号文書＜第17号の1文書（売上代金に係る受取金額100

万円超で、第1号文書の記載金額より大きい）
③ 例外　第1号文書＜第17号の1文書（売上代金に係る受取金額100万円超で、第1号文書の記載金額なし）

　この受取書は、第17号文書の受取金額が50万円で、100万円以下ですから、原則どおり、第1号文書が第17号文書に優先し、文書の所属は第1号文書に決まります。
　例1で検討したとおり、第1号文書の記載金額は、300万円ですから、「課税標準及び税率」の欄の「100万円を超え500万円以下のもの」に該当し、この契約書の印紙税額は2,000円になります。
　以上より、この契約書は<u>第1号の2文書</u>に該当し、<u>印紙税額は2,000円</u>となります。

例3　不動産賃貸借契約書

不動産賃貸借契約書

　吉岡孝子（甲）と水野不動産（乙）との間で、下記の建物の賃貸をすることに関して合意した。

　　　　建物の所在　　　　　　東京都千代田区…
　　　　甲の支払う月額賃料　　30万円
　　　　他の事項に関する詳細は、後日甲乙協議のうえ定める。

　平成29年3月10日
　　　　　　　　　　　　　　　　　甲　吉岡　孝子　印
　　　　　　　　　　　　　　　　　乙　水野不動産　印

　第1号文書の課否判断の手順に沿って検討してみましょう。
　第1号文書の課否判断の検討は、
　　①印紙税法上の契約成立事実（課税事項）の記載があるか、から始ま

ります。

　この契約書に、課税物件表の「課税物件」の欄に掲げられた契約の成立事実の記載があるのか、その点が問題になります。

　この契約書には、建物という不動産について甲乙間で賃貸借の契約が成立したことの記載はあります。しかし、課税物件表の第1号の2文書の対象となるのは「土地の賃借権の設定」であって、「建物の賃借権」は含まれません。土地と建物は同じ不動産ですが、「土地の賃借権の設定」は課税事項になり、「建物の賃借権の設定」は課税事項にはならないのです。

　この点、第1号の1文書の「物件名」の欄には、「不動産の譲渡に関する契約書」とありますが、ここでは、「土地」の譲渡とは限定せずに「不動産」としていますので、建物の譲渡に関する契約書も第1号の1文書に該当することになります。この点には注意が必要です。

　以上の検討の結果、この契約書は、印紙税法上の契約成立事実（課税事項）の記載がないことになりますので、課税文書には該当しません。
したがって、この契約書は、<u>不課税文書</u>になります。

例4　土地譲渡契約書

土地譲渡契約書

　吉岡商事（甲）と水野工業（乙）と山下不動産（丙）との間で、下記の土地の譲渡に関する契約を締結する。

1．甲は、甲所有の下記1の土地を丙に譲渡する。
　　　譲渡金額　　　8,000万円
2．乙は、乙所有の下記2の土地を丙に譲渡する。
　　　譲渡金額　　　1億5,000万円

　平成29年2月20日

　　　　　　　　　　　　　　　　甲　吉岡商事　　印
　　　　　　　　　　　　　　　　乙　水野工業　　印
　　　　　　　　　　　　　　　　丙　山下不動産　印

例4の土地譲渡契約書は、甲と乙とが、各々所有の土地を丙に譲渡する契約書です。つまり、甲丙間及び乙丙間という2つの土地譲渡契約の合体した契約書ですから、第1号の1文書である「不動産の譲渡に関する契約書」への該当性が問題になります。

では、まずは第1号の1文書の課税要件に該当するか検討します。

① 印紙税法上の契約成立事実（課税事項）の記載があるか

この土地譲渡契約書には、甲丙間と乙丙間の土地譲渡契約の成立した事実（課税事項）の記載がありますので、課税事項の記載はあります。

② 当事者間で課税事項を証明する目的で作成された文書か

この契約書は、契約当事者である甲、乙、丙の記名押印がありますから、課税事項を証明する目的で作成された文書です。

③ 重要事項の記載があるか

第1号の1文書の重要事項の主要なものは、以下のとおりです。

（1）目的物の内容
（2）目的物の引渡方法又は引渡期日
（3）契約金額
（以下省略）

この契約書には、いずれの譲渡契約に関しても、「下記の土地」という目的物の内容と、「譲渡金額」という契約金額が記載されています。したがって、重要事項の記載があります。

④ 非課税文書に該当しないか

非課税要件の該当性の判断に関しては、契約金額が1万円未満か1万円以上かが問題になります。

この契約書には甲丙間の土地譲渡に関する8,000万円の契約金額と、乙丙間の土地譲渡に関する1億5,000万円の契約金額の記載があります。この事例のように、課税物件表の同じ号の課税事項が複数ある場合には、その合計額が文書の契約金額となります（通則4イ）。したがって、この契約書でも、8,000万円と1億5,000万円の合計額である2億3,000万

円が契約金額になります。

　この契約書の契約金額2億3,000万円は、1万円以上ですので、非課税要件には該当せず、非課税文書に該当しないことになります。

⑤ 契約金額の記載があるか

　④で検討したとおり、この契約書の契約金額は2億3,000万円です。

⑥ 印紙税額はいくらか

　では、この契約書の印紙税額はいくらになるのでしょうか。

　前記の課税物件表の第1号文書における「課税標準及び税率」の欄を見てください。記載金額の2億3,000万円は、「1億円を超え5億円以下のもの」に該当します。したがって、印紙税額は、10万円となります。以上より、この契約書は第1号の1文書に該当し、印紙税額は10万円となります。

例5　土地譲渡及び建物建築請負契約書

土地譲渡及び建物建築請負契約書

　吉岡商事（甲）は、山下建設（乙）から乙所有の下記土地の譲渡を受け、乙との間で、当該土地の上に建物建築の請負契約を締結した。

　　下記土地の譲渡金額　　　8,000万円
　　建物建築請負金額　　　　6,000万円

　平成29年3月10日

　　　　　　　　　　　　　　　　　　甲　吉岡商事　印
　　　　　　　　　　　　　　　　　　乙　山下建設　印

例5の土地譲渡及び建物建築請負契約書は、土地の譲渡契約に関しては第1号の1文書への該当性が、建物建築請負契約に関しては第2号文書への該当性が問題となります。各々の文書の課税要件の検討が必要ですので、是非、この点を検討してみてください。

課否判断の手順に沿って検討をしていただくと、この契約書は、第1号の1文書及び第2号文書の両者の課税要件（課否判断の手順①～④）に該当することがわかるでしょう。

　問題となるのは、⑤契約金額の記載についてです。この契約書のうち、土地の譲渡契約は第1号の1文書に、建物建築請負契約は第2号文書に該当します。すなわち、1つの文書が2以上の号に掲げる文書に該当しますので、所属の決定が必要になります。

　第1号文書と第2号文書の所属の決定に関しては、通則3ロに規定があります。この規定によれば、第1号文書と第2号文書の所属は契約金額の多寡によって、金額が大きい方に決まります。

　この契約書の契約金額を見ると、第1号文書に係る契約金額が8,000万円、第2号文書に係る契約金額は6,000万円ですので、より契約金額の大きい第1号文書に所属が決定します。したがって、この契約書の記載金額は、8,000万円となります。

　では、⑥印紙税額はいくらになるのでしょうか。

　課税物件表の第1号文書の「課税標準及び税率」の欄によれば、この契約書の記載金額である8,000万円は、「5千万円を超え1億円以下のもの」に該当しますので、印紙税額は、6万円となります。

　以上より、この契約書は<u>第1号の1文書</u>に該当し、<u>印紙税額は6万円</u>となります。

3 第2号文書

(1) 請負とは

第2号文書は、「請負に関する契約書」です。

請負とは、民法632条に規定する請負契約のことです。

> 民法632条（請負）
> 請負は、当事者の一方がある仕事を完成することを約し、相手方がその仕事の結果に対してその報酬を支払うことを約することによって、その効力を生ずる。

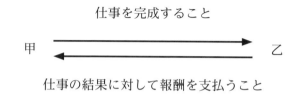

法律の文言を見ると、請負契約は単純な契約のように見えますが、仕事の完成とはどのようなことを指すのか、仕事の結果に対する報酬の支払いとはどのような支払い方であれば認められるのか、不透明なところがあります。

ア 請負か、売買か

製作物供給契約は、製作と供給を含みますから、契約内容に請負と売買とが混合している契約の典型ですが、このような契約に関して、印紙税法上の取り扱いはおおよそ次のとおりになります。

あらかじめ一定の規格で統一されているもの（建売住宅等）	売買
一定の規格で統一された物を、注文に応じ製作する場合（見本による家具等の製作等）	売買
注文者の指示によるもの（建物建築等）	請負

洋服の仕立て等で「製作者」が主要な材料を供給する場合で、注文者の要望で製作する場合	請負
洋服の仕立て等で「注文者」が主要な材料を供給する場合	請負
修理、加工	請負

請負か、売買かの区別がつかないときはどうなるのか？

　ある契約書が請負にあたるのか、売買にあたるのかは契約書のタイトルに関わらず、契約の内容を検討する必要があります。契約の内容を検討しても請負か売買かの区別がつかない契約書は、請負と売買の両方の契約が混じっている混合契約と考えます。混合契約の場合にも、契約書に請負の内容が含まれていることには変わりありませんので、その契約書は、請負に関する契約書として第2号文書に該当することになります。

イ　請負か、委任か

　請負・売買の区別と並んで、納税者の頭を悩ませるものに、請負・委任の区別があります。通常、請負と委任の区別では、次の点が重要になります。

　役務提供自体が目的か、役務提供の結果が目的かという観点です。役務提供「自体」が目的であれば委任に傾き、役務提供の「結果」が目的であれば、請負に傾きます。

　しかし、請負か、委任かは、明確に区別がつきにくい場合も多く、両者の契約が混じる契約書や併記される契約書もあります。

　例えば、税理士の顧問契約書があります。一般に、税理士の顧問契約は、税務相談や会計処理に関する指導助言等を内容としているものが多く、仕事の完成を観念できません。よって、このような内容の税理士顧問契約は委任契約と判断されます。

　もっとも、申告書や決算書の作成が顧問契約書の中に一緒に記載されていれば、申告書や決算書の完成という目的があるので、その契約書は請負

に関する契約書として、第2号文書になります。このケースを次の事例検討で紹介します。顧問契約は委任契約に該当するから印紙を貼る必要はないなどと安易に考えずに、契約内容に請負契約に該当する記載がないかを個別に検討すべきです。依頼者の特殊な要望から、顧問契約にも様々な内容を盛り込むこともありますから、注意が必要です。

　例えば、試験研究、技術指導などは、通常は、役務の提供自体を目的としていますので、委任です。ただ、何が成果なのかを定め、それに対して、成果報酬などを払うことが契約内容にあれば、それを定めた契約書は、請負に関する契約書になるでしょう。要は、契約の定め方による、ということです。

ウ　プロ野球の選手の契約も、俳優の契約も請負！？

　プロ野球の選手、俳優などの契約は、請負契約とされています。
　下記の課税物件表の第2号文書の「定義」の欄を見てください。

第2号文書
＜物件名＞
請負に関する契約書
＜定義＞
1　請負には、職業野球の選手、映画の俳優その他これらに類する者で政令で定めるものの役務の提供を約することを内容とする契約を含むものとする。

　プロ野球選手、映画俳優などの役務の提供は、請負になると書いてあります。さらに、「これらに類する者」でも、請負になる場合を政令で定めています。
　この課税物件表でいう「政令」とは印紙税法施行令21条1項のことです。
　印紙税法施行令21条1項で課税物件表の第2号文書の定義欄に規定す

る政令で定める者として以下の者が挙げられています。
- プロボクサー
- プロレスラー
- 演劇の俳優
- 音楽家
- 舞踏家
- 映画又は演劇の監督、演出家又はプロジューサー
- テレビジョン放送の演技者、演出家又はプロジューサー

　以上のように、プロ野球選手に関しては定めがあるものの、プロサッカー選手やプロバレーボール選手に関しては、何の定めもありません。印紙税法は限定列挙主義なので、法令・通達に定めのないプロサッカー選手やプロバレーボール選手などの契約書は、印紙税法上、請負に関する契約には該当せず、課税文書になりません。

エ　契約書の表題、記載内容に注意！

　ここまで課税文書に該当するかどうかは文書の表題ではなく、記載内容によって決まるとお伝えしてきました。しかし、税務調査に入る調査官は、文書の表題が、「建築請負契約書」、「修理契約書」、「注文者供給物製作契約書」などとなっていれば、それを請負契約書と判断するでしょう。

　もちろん、表題が請負を連想させるものでも、契約書の内容に請負の記載がなければその旨を主張すればよいのです。しかし、あらかじめ誤解を招く表題を付けることは避けるべきです。

　また、契約書の表題がこれらの請負契約書でなくても、契約書の記載内容に「建築請負」「修理」「加工」などがあれば、この文書は、請負契約書と判断されることになりますから、注意が必要です。

（2）第2号文書の課否判断の基礎となるもの

　第2号文書の事例を検討する際、課否判断の基礎となるものは、課税事項、

証明目的、重要事項、非課税要件、課税標準及び税率です。

ア　課否判断の手順

第2号文書の課否判断では、以下のことを順に検討します。

① 印紙税法上の契約成立事実（課税事項）の記載があるか
② 当事者間で課税事項を証明する目的で作成された文書か
③ 重要事項の記載があるか
④ 非課税文書に該当しないか
⑤ 契約金額の記載があるか
⑥ 印紙税額はいくらか（課税標準及び税率のどれに該当するか）

イ　重要事項

（1）運送又は請負の内容（方法を含む。）
（2）運送又は請負の期日又は期限
（3）契約金額
（4）取扱数量
（5）単価
（6）契約金額の支払方法又は支払期日
（7）割戻金等の計算方法又は支払方法
（8）契約期間
（9）契約に付される停止条件又は解除条件
（10）債務不履行の場合の損害賠償の方法

ウ　非課税要件

課税物件表の第2号文書の「非課税物件」の欄に記載されている非課税要件は以下のとおりです。したがって、この非課税要件に該当せず、非課税文書に該当しないことが、課税要件になります。

<非課税物件>

1 契約金額の記載のある契約書(課税物件表の適用に関する通則3イの規定が適用されることによりこの号に掲げる文書となるものを除く。)のうち、当該契約金額が1万円未満のもの

エ 課税標準及び税率

課税物件表の第2号文書の「課税標準及び税率」の欄によって、印紙税額が決まります。その基礎になるのが、記載金額があるかどうか、記載金額があるとして、その額はいくらかです。それによって、印紙税額が決まります。

<課税標準及び税率>

1 契約金額の記載のある契約書　次に掲げる契約金額の区分に応じ、1通につき、次に掲げる税率とする。

契約金額	税率
100万円以下のもの	200円
100万円を超え200万円以下のもの	400円
200万円を超え300万円以下のもの	1千円
300万円を超え500万円以下のもの	2千円
500万円を超え1千万円以下のもの	1万円
1千万円を超え5千万円以下のもの	2万円
5千万円を超え1億円以下のもの	6万円
1億円を超え5億円以下のもの	10万円
5億円を超え10億円以下のもの	20万円
10億円を超え50億円以下のもの	40万円
50億円を超えるもの	60万円

2 契約金額の記載のない契約書　1通につき　200円

(3) 第2号文書の課否判断を身に付ける

第2号文書の課否判断について、取り上げます。

第2号文書を使って、課税文書の課否判断を身に付けましょう。

例1　売買契約書

売買契約書

山田印刷株式会社御中

　1．印刷機械　　　1台
　2．代金・取付料（技術者派遣1名）　248万4,000円

以上、ご注文のとおり、承りました。

　平成28年9月15日

　　　　　　　　　　　　　　　　　　沼野機械工業　印

この売買契約書は課税文書でしょうか。
以下の第2号文書の課否判断の手順に沿って1つひとつ検討していきましょう。

---
① 印紙税法上の契約成立事実（課税事項）の記載があるか
② 当事者間で課税事項を証明する目的で作成された文書か
③ 重要事項の記載があるか
④ 非課税文書に該当しないか
⑤ 契約金額の記載があるか
⑥ 印紙税額はいくらか（課税標準及び税率のどれに該当するか）

---

① 印紙税法上の契約成立事実（課税事項）の記載があるか

　この売買契約書は、印刷機械の売買契約書であることは確かです。問題は、印刷機械の「取付料」という記載があることです。この事例の印刷機械の取付は、技術者による特別の技術を要する取付であり、取付には印刷機械を設置し、試験して正常に作動するかどうかの確認をすることまで含まれますので、仕事の結果を内容とします。しかも山田印刷の注文どおりに、沼野機械工業が了承していますので、両当事者間の合意もあります。したがって、この契約書は、売買契約書であると同時に、請負に関する契

約の成立事実（課税事項）の記載があることになり、第2号文書の課税事項の記載があるといえます。

② 当事者間で課税事項を証明する目的で作成された文書か
　この売買契約書は、印刷機械の「取付」をも含む内容で、山田印刷の「注文のとおり」沼野機械工業が引き受け、これに記名押印して作成されたものです。したがって、この契約書は、当事者双方の合意に基づき、請負に関する契約の成立を証明するために作成された文書というべきものです。よって、当事者間で課税事項を証明する目的で作成された文書といえます。

③ 重要事項の記載があるか
　第2号文書の重要事項の主要なものは、以下のとおりです。
　　（1）運送又は請負の内容（方法を含む。）
　　（2）運送又は請負の期日又は期限
　　（3）契約金額
　　（4）取扱数量
　　　（以下省略）

　この契約書には、第2号文書の重要事項のうち、印刷機械の取付という（1）請負の内容と、「代金・取付料（技術者派遣1名）　248万4,000円」という取付料を含んだ（3）契約金額の記載があります。

④ 非課税文書に該当しないか
　下記の課税物件表の第2号文書の「非課税物件」欄を見てください。その欄に、第2号文書の非課税要件が明らかにされています。
　第2号文書の非課税要件は、契約金額の記載がある契約書では、契約金額が1万円未満であることです。
　では、この契約書の契約金額はいくらかでしょうか。
この契約書上は「代金・取付料（技術者派遣1名）　248万4,000円」と

しか記載がありませんが、実はその内訳は以下のとおりでした。

  印刷機械の売買金額   200万円
  印刷機械の取付料（技術者派遣1名） 30万円
  消費税額   18万4,000円

　しかし、この契約書には上記の内訳の記載はなく、合計額248万4,000円としか記載されていません。したがって、この合計金額が契約金額になります。仮に、実際の内訳どおりの記載が契約書上あれば、請負に関する金額である30万円が契約金額になります。いずれにしても、契約金額は1万円以上で、1万円未満ではありません。

　したがって、この契約書は、非課税要件に該当しませんので、非課税文書になりません。

＜課税標準及び税率＞	
1　契約金額の記載のある契約書　次に掲げる契約金額の区分に応じ、1通につき、次に掲げる税率とする。	
100万円以下のもの	200円
100万円を超え200万円以下のもの	400円
200万円を超え300万円以下のもの	1千円
300万円を超え500万円以下のもの	2千円
500万円を超え1千万円以下のもの	1万円
1千万円を超え5千万円以下のもの	2万円
5千万円を超え1億円以下のもの	6万円
1億円を超え5億円以下のもの	10万円
5億円を超え10億円以下のもの	20万円
10億円を超え50億円以下のもの	40万円
50億円を超えるもの	60万円
2　契約金額の記載のない契約書　1通につき　200円	
＜非課税物件＞	
1　契約金額の記載のある契約書（課税物件表の適用に関する通則3イの規定が適用されることによりこの号に掲げる文書となるものを除く。）のうち、当該契約金額が1万円未満のもの	

⑤ 契約金額の記載があるか

　この契約書には「代金・取付料（技術者派遣1名）　248万4,000円」としか記載がなく、売買代金と取付料の区分がされていません。したがって、この合計金額が契約金額になり、この請負に関する契約書の契約金額は248万4,000円となります。

⑥ 印紙税額はいくらか

　課税物件表の「課税標準及び税率」の欄を見てください。この契約書の契約金額は248万4,000円になります。これは、「課税標準及び税率」の欄の「200万円を超え300万円以下のもの」に該当します。したがって、この契約書の印紙税額は1,000円になります。

　仮に実際の内訳のように売買代金と取付料、消費税額を区分して記載していれば、契約金額は、取付料のみの30万円になり、課税標準及び税率をあてはめて、その印紙税額は、200円になります。

　以上より、この契約書は<u>第2号文書</u>に該当し、<u>印紙税額は1,000円</u>となります。

例2　顧問契約書

顧問契約書

　株式会社山下商事（以下、「甲」という）と、税理士水野一郎（以下、「乙」という）は、以下のとおり顧問契約を締結する。

第1条（業務の範囲）
　乙の業務の範囲は、以下のとおりとする。
　　(1) 甲の税務及び会計に関する相談
　　(2) 甲の法人税、事業税、住民税及び消費税の税務書類の作成
　　(3) 甲の年末調整事務及び法定調書作成事務に係る書類の作成
　　(4) 甲の総勘定元帳及び試算表の作成並びに決算書の作成

第2条（報酬）
　（1）相談料として月額5万円
　（2）税務書類及び決算書類等書類作成の報酬として、年間30万円
第3条（契約期間）
　この契約の有効期間は、平成28年10月1日から1年間とする。

平成28年9月20日

　　　　　　　　　　　　　　甲　　株式会社山下商事　印
　　　　　　　　　　　　　　乙　　　税理士　水野一郎　印

　この税理士顧問契約書は第2号文書になるでしょうか。

　この例は、「税理士の顧問契約書は委任契約だから、請負の第2号文書にはならない」と思わないでいただくための例です。つまり、知識の記憶で判断するのではない、ということです。むしろ課税要件に該当するかどうかを判断手順にそって判断するという思考方法を身に付けることが重要なのです。ここでは、第2号文書の課税事項の記載に関する検討が中心になります。

① 印紙税法上の契約成立事実（課税事項）の記載があるか
　顧問契約書の第1条を見てください。
　（1）は、税務と会計に関する相談ですから、委任契約になります。他方、（2）～（4）は、税務と会計に関する書類の作成です。これは、書類の作成という仕事の結果を目的としていますので、請負に関する契約成立の事実（課税事項）を記載しています。よって、この顧問契約書には課税事項の記載があるといえます。
　なお、税理士委嘱契約書に関しては、印紙税法基本通達に定めがあります。印紙税法基本通達別表第一「課税物件、課税標準及び税率の取扱い」第2号文書の17によれば、税務書類等の作成を目的とし、それに対して報酬を払うことを約束したものは、第2号文書に該当するとされています。
　繰り返しになりますが、本に記載された知識の記憶ではなく、自分で、

契約内容を吟味して、委任なのか、請負なのかを判断できるようになってください。

また、同時に、印紙税法の実務では、基本通達が極めて重要であることを認識する必要があります。

② 当事者間で課税事項を証明する目的で作成された文書か

この顧問契約書には、甲と乙とが記名押印をしていますから、当事者間で請負に関する契約の成立事実を証明する目的で作成された文書だと言えます。

③ 重要事項の記載があるか

第2号文書の重要事項の主要なものは、以下のとおりです。

　　（1）運送又は請負の内容（方法を含む。）
　　（2）運送又は請負の期日又は期限
　　（3）契約金額
　　（4）取扱数量
　　　（以下省略）

この顧問契約書には、(1) 請負の内容（書類の作成）と、(3) 契約金額（30万円）の重要事項の記載があります。

④ 非課税文書に該当しないか

第2号文書の非課税要件は、契約金額の記載のある契約書では、契約金額が1万円未満であることです。そこで、この顧問契約書の契約金額はいくらかが問題になります。

この顧問契約書には、不課税文書となる相談料の月額5万円と、課税文書となる書類作成の報酬の年間30万円とが、明確に区分して記載されています。したがって、この契約書の契約金額は、課税文書となる書類作成の報酬の年間30万円となり、非課税要件の「1万円未満」ではありま

せん。よって、この顧問契約書は、非課税要件に該当しませんので、非課税文書にはなりません。

別表第一の課税物件表（第2号文書）

＜課税標準及び税率＞
1　契約金額の記載のある契約書　次に掲げる契約金額の区分に応じ、1通につき、次に掲げる税率とする。 　　　　100万円以下のもの　　　　　　　　　　　200円 　　　　100万円を超え200万円以下のもの　　　400円 　　　　200万円を超え300万円以下のもの　　　1千円 　　　　300万円を超え500万円以下のもの　　　2千円 　　　　500万円を超え1千万円以下のもの　　　1万円 　　　　1千万円を超え5千万円以下のもの　　　2万円 　　　　5千万円を超え1億円以下のもの　　　　6万円 　　　　1億円を超え5億円以下のもの　　　　　10万円 　　　　5億円を超え10億円以下のもの　　　　20万円 　　　　10億円を超え50億円以下のもの　　　　40万円 　　　　50億円を超えるもの　　　　　　　　　60万円 2　契約金額の記載のない契約書　1通につき　200円
＜非課税物件＞
1　契約金額の記載のある契約書（課税物件表の適用に関する通則3イの規定が適用されることによりこの号に掲げる文書となるものを除く。）のうち、当該契約金額が1万円未満のもの

⑤　契約金額の記載があるか

　④で明らかにしたように、この顧問契約書には、30万円という契約金額の記載があります。

⑥　印紙税額はいくらか

　課税物件表の第2号文書の「課税標準及び税率」の欄を見てください。

この顧問契約書には、30万円という契約金額の記載があります。その金額は、課税標準及び税率の「100万円以下のもの」に該当しますので、印紙税額は、200円となります。
　以上より、この契約書は第2号文書に該当し、印紙税額は200円となります。

例3　時計修理承り書

> **時計修理承り書**
>
> 吉岡和美様
>
> 　　修理内容　　時計の分解修理
> 　　金額　　　　3万5,000円
>
> 平成29年2月20日
>
> 　　　　　　　　　　　　　　　　水野デパート　印

　この文書は、水野デパートが時計の修理の依頼を受けた時に、顧客に渡す文書です。時計の修理という請負の記載がありますので、この契約書が第2号文書に該当するかどうかが問題になります。

① 印紙税法上の契約成立事実（課税事項）の記載があるか
　この文書は、顧客の依頼を承諾する形で請負人である水野デパートから顧客に渡されるものです。そして、文書上「時計修理承り票」「修理内容　時計の分解修理」という請負を示す記載があります。したがって、請負に関する契約成立の事実の記載があるといえます。

② 当事者間で課税事項を証明する目的で作成された文書か
　この文書は、顧客の依頼を水野デパートが承諾し、引き受けたことによっ

て契約が成立した事実を証明する目的で、水野デパートが記名押印のうえ作成したものです。したがって、この文書は、当事者間で課税事項を証明する目的で作成された文書であるといえます。

③ 重要事項の記載があるか

この文書には、下記の重要事項の記載があります。
　　「請負の内容」時計の分解修理
　　「契約金額」　3万5,000円

　　（第2号文書の重要事項の抜粋）
　　（1）運送又は請負の内容（方法を含む。）
　　（2）運送又は請負の期日又は期限
　　（3）契約金額
　　　（以下省略）

④ 非課税文書に該当しないか

課税物件表の第2号文書の「非課税物件」の欄に記載されている非課税要件は、「契約金額が1万円未満」です。この文書の契約金額は、3万5,000円ですから、非課税要件に該当しませんので、非課税文書に該当しません。

⑤ 契約金額の記載があるか

この文書の契約金額は、3万5,000円です。

⑥ 印紙税額はいくらか

課税物件表の第2号文書の「課税標準及び税率」の欄によれば、契約金額の3万5,000円は、「100万円以下のもの」に該当します。したがって、この文書の印紙税額は、200円になります。

　以上より、この契約書は第2号文書に該当し、印紙税額は200円となります。

例4　お預り票

お預り票

沼野かおる様

　　　お預り品　下記の時計
　　　お渡し予定日　平成29年3月10日

　平成29年2月20日

　　　　　　　　　　　　　　　　　　　　　　　山田百貨店　印

　この文書は、沼野さんが山田百貨店に時計の修理を依頼した際に、山田百貨店が沼野さんに、時計と引き換えに交付したものです。この文書では、印紙税を意識した工夫がいくつか施されています。印紙税は文書課税なので、文書の記載を工夫することによって、印紙税が課されないようにすることができます。

　まず、この文書では、「承り票」と記載せずに「お預かり票」と記載することで、承諾と捉えられかねない記載を避けています。

　次に、「修理」という表記をしないことで、請負、つまり、第2号文書を連想させないようにしています。

　さらに、「お渡し日」という重要事項「請負の期日・期限」を示すことを避けて、「お渡し予定日」という記載をしています。

　その結果、この文書は、請負に関する契約成立事実という課税事項の記載がなく（手順①）、それゆえに、課税事項を証明する目的を欠きます（手順②）。その上、第2号文書に関する重要事項の記載もありません（手順③）。その結果、この文書は、課税要件に該当しないことになります。

　以上より、この文書は第2号文書には該当せず、<u>不課税文書</u>になります。

例5　イージーオーダー引換票

イージーオーダー引換票

水野金太郎様

　　承り日・承り番号　平成29年2月20日・
　　　　　　　　　　　承り番号107―250
　　生地代　　8万円
　　お仕立代　2万円
　　お渡し日　平成29年4月10日

平成29年2月20日

　　　　　　　　　　　　　　　　　　　　　山田百貨店　印

　この文書は、山田百貨店がオーダーシャツの注文を受けた際に顧客に渡す伝票です。山田百貨店が提供した生地を加工して、顧客のオーダーどおりにシャツを仕上げる契約ですから、請負に関する契約になります。

　この文書には、「承り日」「承り番号」などの記載がありますので、顧客のオーダーを山田百貨店が承諾し、両当事者間で請負に関する契約成立の事実（課税事項）を証明する目的で作成したものと考えられます。

　以上のことからすれば、この文書は、第2号文書としての課税事項の記載があり（手順①）、当事者間で課税事項を証明する目的で作成された文書であることがわかります（手順②）。

　また、この文書には、以下の重要事項の記載があります（手順③）。

　　（請負の内容）百貨店の提供する生地を使った仕立
　　（契約金額）8万円＋2万円＝10万円

　そして、上記契約金額の10万円は、非課税要件である「1万円未満のもの」には該当しません。したがって、この文書は、第2号文書の非課税要件に該当せず、非課税文書にも該当しません（手順④）。

　では、印紙税額はいくらでしょうか。

契約金額10万円（手順⑤）は、「課税標準及び税率」の欄の「100万円以下のもの」に該当します。その印税額は200円です。

　以上より、この文書は<u>第2号文書</u>に該当し、<u>印紙税額は200円</u>となります。

4　第7号文書

(1) 継続的取引の基本となる契約書とは

第7号文書は、「継続的取引の基本となる契約書」です。

「継続的取引の基本となる契約書」とはどのようなものでしょうか。

会社と会社の間の取引では、同種の品物を毎週購入したり、定期的に機械のメンテナンスをお願いするなど、同一の当事者間で継続的に取引が行われることがよくあります。このような継続的取引において、個々の取引ごとに契約内容を定め、契約を締結するのは面倒です。そこで、同一の当事者間で同種の取引を継続して行う場合には、基本となる契約を締結し、個別の取引においては注文書と請書を交わすことですませるなど簡易なやり取りをしている会社も多くあります。この基本となる契約書が継続的取引の基本となる契約書です。

「継続的取引の基本となる契約書」とは、特定の相手方との間において継続的に生じる取引の基本となる契約書のことをいいます。

例えば、売買基本契約書、貨物運送基本契約書、下請基本契約書、業務委託契約書、代理店契約書等が典型的な契約書です。

(2) 第7号文書の課税要件

別表第一課税物件表の第7号文書の定義欄に規定する契約書は、印紙税法施行令26条で定められています。先に述べた「継続的取引の基本となる契約書」の定義に該当する契約書はたくさんありますが、印紙税法施行令26条では、印紙税の課税対象となる継続的な取引を限定しています。

ⅰ) 売買、売買の委託、運送、運送取扱い又は請負の特約店契約書など
ⅱ) 売買に関する業務、金融機関の業務などの代理店契約書など
ⅲ) 金融機関に対する包括的基本契約書など
ⅳ) 商品先物取引業者等との信用取引口座設定約諾書など
ⅴ) 損害保険会社と保険契約者との保険特約書など

このうち、最も多く利用されているのが、売買、運送、請負に関する基本契約書などです。そこで、以下の第7号文書は、この類型の契約書を中心に説明をします。

別表第一の課税物件表　（第7号文書）

第7号文書
<物件名>
継続的取引の基本となる契約書（契約期間の記載のあるもののうち、当該契約期間が3月以内であり、かつ、更新に関する定めのないものを除く。）

印紙税法施行令第26条1号
法別表第一第七号の定義の欄に規定する政令で定める契約書は、次に掲げる契約書とする。 一　特約店契約書その他名称のいかんを問わず、営業者（法別表第一第十七号の非課税物件の欄に規定する営業を行う者をいう。）の間において、売買、売買の委託、運送、運送取扱い又は請負に関する二以上の取引を継続して行うため作成される契約書で、当該二以上の取引に共通して適用される取引条件のうち目的物の種類、取扱数量、単価、対価の支払方法、債務不履行の場合の損害賠償の方法又は再販売価格を定めるもの（電気又はガスの供給に関するものを除く。）

　印紙税法別表第一課税物件表の第7号文書の物件名のかっこ書きと施行令26条1号の条文を分解して、わかりやすく、かつ補充して書くと次のようになります。
　第7号文書の課税要件には、5つの要件があります。
　1．営業者間の取引であること
　2．売買、売買の委託、運送、運送取扱い、請負のいずれかであること
　3．2回以上の取引であること
　4．契約期間の定めがないか、契約期間が3か月を超えるか、3か月以

内でも期間の更新に関する定めがあること
　5．目的物の種類、取扱数量、単価、支払方法、損害賠償の方法、再販売価格のうち1つ以上の事項を定めていること

この5つの課税要件を満たせば、第7号文書になります
次に、第7号の課税文書の要件の各々について説明します。

ア　営業者間の取引であること（課税要件の1）

　第7号文書の課税要件としての「営業者」とはどのようなことを指しているのでしょうか。

　印紙税法では、「営業者」につき、商法に規定する「商人」と「商行為」を基準に考えています。印紙税法は商取引を対象に課税しようとするものですから、商取引に関する基本法である商法から考えます。

　また、印紙税法は、別表第一の第7号文書の定義欄で、継続的取引の基本となる契約書は、政令で定めると規定しています。その政令が、印紙税法施行令26条です。同条1号では、「営業者」のかっこ書きで「営業者」の定義を「法別表第一第17号の非課税物件の欄に規定する営業を行う者をいう」と定めています。したがって、第7号文書の「営業者」は、第17号文書の「営業者」と同じになります。

　では、第17号文書の非課税物件の欄に規定する営業を行う者とはどのような者をいうのでしょうか。第17号文書の「非課税物件」の欄では、「2」の「営業に関しない（・・・）受取書」に関して、「営業」に続くかっこ書きで以下のように規定しています。

　「会社以外の法人で、法令の規定又は定款の定めにより利益金又は剰余金の配当又は分配をすることができることとなつているものが、その出資者以外の者に対して行う事業を含み、当該出資者がその出資をした法人に対して行う営業を除く。」

わかりにくい文言なので、わかりやすいように分解して説明します。

まず、「会社以外の法人」と書いてあるので、法人の中で、「会社」と「会社以外の法人」を分けて考えており、会社は営業者であることが前提になっています。それは、会社を商人とする商法の考え方が基礎にあるからです。

それを基礎にしながら、「会社以外の法人」でも、利益金や剰余金の配当ができる法人では、出資者との関係では「営業者」とはいえないが、出資者以外の関係では「営業者」とする、としています。ここでいう「会社以外の法人」とは、農協、信用金庫などです。当該法人が行う事業で、出資者以外の者と行うときは「営業」になり、出資者との関係で行うときは「営業」になりません。

以上のように、第17号文書の非課税要件は、商法の考え方を基礎にして、会社以外の法人において、営業者の範囲を広げたものです。

したがって、第17号文書の非課税要件に該当しない「営業者」とは、以下の「営業に関しない者」でない者をさすことになります。

営業に関しない者

ⅰ）商人ではない
- 農業・漁業などを行っている者、サラリーマン、内職者
- 弁護士、税理士、医師、薬剤師など

ⅱ）法人の場合、配当が制限されているもの
- 国、地方公共団体
- 公益法人、ＮＰＯ法人
- 医療法人

ⅲ）配当をすることができる会社以外の法人が、出資者との間で行う取引（第17号文書の非課税要件）
- 出資者との間で取引を行う農業協同組合
- 出資者との間で取引を行う信用金庫など

また、課税要件の１は「営業者『間』の取引であること」としていますので、当事者の双方が「営業者」でなければなりません。したがって、国と株式会社との間の継続的な契約を内容とする売買契約書があっても、それは、第７号文書にはなりません。国は営業者ではないので、営業者「間」の継続取引にならないからです。

イ　売買、売買の委託、運送、運送取扱い、請負に関するもの（課税要件の２）

　ここでは、第７号文書として最も多く使われている印紙税法施行令26条１号の契約類型だけを取り上げます。同号の契約は、売買、売買の委託、運送、運送取扱い、請負の５つに限定されています。したがって、これ以外の契約の成立を証明する契約書は第７号文書にはなりません。
　「売買の委託」とは物品の販売・購入を委託することです。
　「運送取扱い」とは宅急便の取次ぎのように物品の運送の取次をすることです。

ウ　２回以上の取引があること（課税要件の３）

　印紙税法施行令26条１号では、「２以上の取引を行うもの」と規定されています。これは、契約の目的となる取引を２回以上行うことを意味します。
　例えば、売買基本契約書で、「甲は乙に対し、乙の扱う商品Ａを継続して仕入れることを約する」と記載されていれば、２回以上の取引を行うことがわかります。
　では、次のような契約書は、２回以上の取引があると判断できるでしょうか。

> ## 家具販売基本契約書
>
> (株)吉岡家具店(甲)とスーパー山田(乙)との間で次のように契約する。
> 1. 甲は乙に対して、平成29年2月28日付で、家具Aを3点販売する。ただ、家具の引渡しは、各支払時期に1点ずつするものとする。
>
> 2. 売買代金は合計800万円とし、乙は甲に対し、下記のように支払うものとする。
>   第1回　平成29年2月28日　300万円
>   第2回　平成29年4月30日　300万円
>   第3回　平成29年6月30日　200万円
>
> 平成29年2月20日
>
> 　　　　　　　　　　　甲　(株)吉岡家具店　印
> 　　　　　　　　　　　乙　スーパー山田　　印

　この契約書では、表題に「家具販売基本契約書」と記載されているものの、その契約内容は、平成29年2月28日付で家具3点を販売するものです。引渡しに関しては、家具を1点ずつの3回、支払時期も3回に分けていますが、取引の回数は平成29年2月28日の1回だけです。3点の家具の引渡しは、平成29年2月28日に1回行われた取引における引渡し方法を定めたものにすぎません。また、3回の支払いも、1回行われた取引の決済方法を定めたものにすぎません。
　したがって、この契約書には2回以上の取引の記載はありません。
　その結果、「2回以上の取引があること」という課税要件が欠けることになりますので、第7号文書には該当しません。
　では、契約書の記載では課税要件を満たしていましたが、実際の取引は1回しか行われなかった場合はどうなるのでしょうか。
　印紙税は文書課税ですから、契約書という文書で第7号文書の課税要件を満たしていれば、実際に行われる取引回数に関係なく、印紙税は課さ

れます。したがって、たとえ結果的に取引をしたのが1回だったとしても、第7号文書に該当し、印紙税を課されます。

エ　契約期間の定めがないか、契約期間が3か月を超えるか、3か月以内でも期間の更新に関する定めがあること（課税要件の4）

　この要件については、第7号文書の物件表の「物件名」欄で次のように規定しています。

「継続的取引の基本となる契約書（契約期間の記載のあるもののうち、当該契約期間が三月以内であり、かつ、更新に関する定めのないものを除く。）」

　つまり、以下のいずれかに該当するものが継続的取引の基本となる契約にあたります。
　　①契約期間の定めがないこと
　　②契約期間が3か月を超えること
　　③3か月以内でも期間の更新に関する定めがあること

オ　目的物の種類、取扱数量、単価、支払方法、損害賠償の方法、再販売価格のいずれか1つ以上の事項の定めがあること（課税要件の5）

　目的物の種類、取扱数量、単価、支払方法、債務不履行の場合の損害賠償の方法、再販売価格のうち、いずれか1つ以上の事項の定めがあれば、この要件を満たします。ここで挙げられている事項の全ての定めがなくてはいけないわけではありません。

（3）第7号文書と第1号文書・第2号文書が重複する場合の取り扱い

　継続的取引の基本となる契約書は、第7号文書と同時に、第1号文書または第2号文書にも該当する場合があります。第7号文書が対象とす

る取引が、主として、売買、売買の委託、運送、運送取扱い、請負に関するものあり、他方で、第1号文書と第2号文書の対象取引も、譲渡、運送、請負であるため、重複の可能性が高いからです。そこで、継続的取引の基本となる契約書が、第7号文書にも、第1号文書、第2号文書にも該当する場合には、文書の所属の決定が必要となります。

このように、1つの文書に、2つ以上の文書の記載がある場合の文書の所属の決定については、通則3イに規定があります。第1号文書または第2号文書と、第7号文書に該当する文書の所属は、第1号文書または第2号文書に契約金額の記載があるかどうかで所属が決まります。

　契約金額の記載がある場合→第1号文書又は第2号文書
　契約金額の記載がない場合→第7号文書

例）甲社乙社間で、甲のA工場に設置してある機械を乙が定期的に補修する際の基本事項を定めるため次の基本契約を締結しました。

機械の補修基本契約書

ⅰ）乙は甲に対し、甲のA工場に設置されている機械が良好な状態で運転できるように年間2回定期的に補修することを約する。

ⅱ）年間補修料は800万円とする。ただし、定期的な補修の他に、臨時の修理をする場合は、別途支払うものとする。

ⅲ）契約期間は1年とする。

甲株式会社　印
乙株式会社　印

この契約書は、請負に関する第2号文書に該当し、同時に、継続的取引に関する第7号文書にも該当するものとします。そこで、文書の所属の決定が問題となります。通則3イにより、契約金額の記載があれば第2号文書に、契約金額の記載がなければ第7号文書に所属が決定します。

この契約書のⅱには、「年間補修料は800万円とする」という記載があります。そして、ⅲには「契約期間は1年とする」旨の定めがあります。したがって、年間補修料800万円×1年間＝800万円として、契約金額を計算することができ、契約金額の定めのある文書になります。よって、この契約書の所属は<u>第2号文書</u>に決定します。

では、印紙税額はいくらかになるでしょうか。

この契約書の記載金額は、800万円になりますので、別表第一の課税物件表の第2号文書の「課税標準及び税率」の欄の「500万円を超え1千万円以下のもの」に該当します。よって、印紙税額は<u>1万円</u>となります。

（4）第7号文書の課否判断の基礎となるもの

第7号文書の事例を検討する際、課否判断の基礎となるものは、課税事項、証明目的、重要事項、課税標準及び税率です。

ア　課否判断の手順

第7号文書の課否判断では、以下のことを順に検討します。

> ① 営業者間の取引であるか
> ② 売買、売買の委託、運送、運送取扱い、請負に関するものか
> ③ 2回以上の取引か
> ④ 契約期間の定めがないか、契約期間が3か月を超えるか、契約期間が3か月以内でも期間の更新に関する定めがあるか
> ⑤ 目的物の種類、取扱数量、単価、支払方法、損害賠償の方法、再販売価格の事項を1つ以上定めているか
> ⑥ 契約金額の記載があるか（所属の決定が問題となる場合のみ）
> ⑦ 印紙税額はいくらか（課税標準及び税率のどれに該当するか）

イ　重要事項

(1) 令第26条《継続的取引の基本となる契約書の範囲》各号に掲げる区分に応じ、当該各号に掲げる要件
(2) 契約期間（令第26条各号に該当する文書を引用して契約期間を延長

するものに限るものとし、当該延長する期間が 3 か月以内であり、かつ、更新に関する定めのないものを除く。)

ウ　課税標準及び税率

課税物件表の第 7 号文書の「課税標準及び税率」の欄によって、印紙税額が決まります。

第 7 号文書は、記載金額があるかどうかや記載金額の如何を問わず、印紙税額は 1 通につき、4,000 円となっています。

＜課税標準及び税率＞	
1 通につき	4 千円

(5) 第 7 号文書の課否判断を身に付ける

第 7 号文書の課否判断について、取り上げます。
第 7 号文書を使って、課税文書の課否判断を身に付けましょう。

例 1　売買基本契約書

売買基本契約書

(株) 山田商店 (甲) と小林海苔店 (乙) は、乙の商品 A を甲が継続して購入することについて下記のように契約する。

1、甲は乙に対し、乙の扱う商品 A を継続して仕入れることを約する。
2、購入単価は 1 個当たり 1,500 円とし、購入数量は甲がその都度決定する。
3、契約期間は平成 29 年 2 月 1 日～平成 30 年 1 月 31 日の 1 年間とする。

　　　　　　　　　　　　　　　甲　(株) 山田商店　印
　　　　　　　　　　　　　　　乙　小林海苔店　　　印

これは、問屋と小売店との継続的取引の基本契約です。第7号文書の課否判断手順に沿って1つひとつ検討していきましょう。
① 営業者間の取引であるか
　甲は会社であり、乙は個人事業者で営業者です。よって、「営業者間の取引」になります。
② 売買、売買の委託、運送、運送取扱い、請負に関するものか
　この売買基本契約書は、「売買」に関するものです。
③ 2回以上の取引か
　「継続して購入する」とありますから、「2回以上の取引」が予定されています。
④ 契約期間の定めがないか、契約期間が3か月を超えるか、契約期間が3か月以内でも期間の更新に関する定めがあるか
　契約期間が1年間ですから「契約期間が3か月を超え」ています。
⑤ 目的物の種類、取扱数量、単価、支払方法、損害賠償の方法、再販売価格の事項を1つ以上定めているか
　購入単価が1個当たり1,500円となっており、「単価」を定めています。
⑥ 契約金額の記載があるか（所属の決定が問題となる場合のみ）
　この契約書では、第7号文書への該当性のみが問題となっていますので、所属の決定は問題にはなりません。したがって、契約金額の検討は不要です。
⑦ 印紙税額はいくらか
　印紙税額は、別表第一課税物件表の第7号文書の「課税標準及び税率」欄から、4,000円になります。

　以上より、この契約書は<u>第7号文書</u>に該当し、<u>印紙税額は4,000円</u>となります。

例2　給油契約書（購入者は一般会社員）

給油契約書

吉岡給油所御中
　　取引条件
　　　　品名　石油製品その他
　　　　月間予定購入額　3万円
　　　　支払方法　毎月末日締切　翌月月末払　銀行振り込み

平成29年3月10日
　　　　　　　　　　　　　　　　　　　購入者　山下太郎　印

　これは、ガソリン等給油の継続的取引を内容とする契約ですが、購入者が一般会社員で、営業者ではありません。そのため、第7号文書の課税要件である「営業者間の取引であるか」（手順①）に該当しません。つまり、この契約書は、継続的取引の基本となる契約書にはなりません。
　また、この契約書は物品の譲渡契約書になりますが、これは課税物件表にありませんので、不課税文書になります。
　以上より、この契約書は<u>不課税文書</u>となります。

　なお、仮にこの購入者が営業者であれば、この契約書は第7号文書となり、印紙税額は、4,000円になります。この場合に、この契約書が第7号文書の各課税要件に該当することを確認してください。
① 営業者間の取引です。
② 給油契約は、売買です。
③ 「支払方法」で、毎月支払いをすることが予定されているので、2回以上の取引があることになります。
④ 契約期間の定めがないです。

第6章　主要文書における課否判断

⑤ 目的物の種類、支払方法を定めています。
⑥ 契約金額の記載は問題となりません。
⑦ 印紙税額は4,000円になります。

例3　加盟店契約書（フランチャイズ契約書）

加盟店契約書

　水野美容センター（甲）と山下美容室（乙）とは、甲が展開する美容事業に関し、加盟店契約を締結することとした。

出店場所：乙は、甲が別途指定する地域で出店する。
ロイヤリティの支払い：
　　乙は甲に対し、毎月の売上高に対し、15％のロイヤリティを支払う。
美容品の提供：
　　甲は乙に対し、甲の製造する各種美容品を提供するものとし、それに対し、乙は甲に対し、支払いをするものとする。
支払方法：甲の指定する銀行口座へ振り込み送金
契約期間：平成29年4月1日から1年間とする。なお、契約期間
　　　　　満了3か月前までに、甲又は乙から解約の申し出がない
　　　　　場合には、さらに、1年間延長するものとする。

平成29年2月20日

　　　　　　　　　　　　　　　　　水野美容センター　印
　　　　　　　　　　　　　　　　　山下美容室　　　　印

　この加盟店契約書（フランチャイズ契約書）は、継続的取引の基本となる契約書として、第7号文書の課税要件に該当するでしょうか。ご自分でこの契約書が各課税要件に該当するかどうかを検討してみてください。以下に、箇条書きで、この契約書の課否判断を示します。

　① 甲と乙は営業者ですから、営業者間の取引であることは問題ないです。

② 美容品の提供に関しては、売買に該当します。
③ 契約書の表題や記載内容からして、2回以上の取引であるといえます。
④ 契約期間は、1年であり、3か月を超えています。
⑤ 甲製造の美容品（目的物の種類）、支払方法の定めがあります。
⑥ 契約金額の記載は問題となりません。
⑦ 印紙税額は4,000円になります。

以上より、この契約書は第7号文書に該当し、印紙税額は4,000円となります。

例4　コピー機保守契約書

コピー機保守契約書

　吉岡商事（甲）と山下機械工業（乙）とは、乙の使用しているコピー機の保守に関して、以下のとおり契約を締結する。

契約内容	サービスエンジニアによって、乙が使用しているコピー機10台を点検修理し、甲が必要と認めた時は、用紙、トレーを除く消耗品を交換するなどを行います。
保守料金	コピー機使用の用紙1枚につき　3円 各コピー機ごとの月間最低保証額　1万5千円（5千枚コピー分）
契約期間	平成29年3月1日から5年間

　平成29年2月15日

　　　　　　　　　　　　　　甲　吉岡商事　　　印
　　　　　　　　　　　　　　乙　山下機械工業　印

　この契約書は、保守・修理を契約内容としていますので、請負に関する契約の第2号文書に該当します。同時に、継続的取引の基本となる契約書の第7号文書にも該当します。ここでは、この契約書が、第7号文書

の課税要件に該当するかを検討します。
① 甲と乙は営業者ですから、営業者間の取引に該当します。
② 保守修理を内容としますので、請負に該当します。
③ 5年間という継続的な保守修理を目的としますので、2回以上の取引に該当します。
④ 契約期間は5年であり、3か月を超えています。
⑤ コピー機の保守・修理という目的物の種類があります。
⑥ この契約書は、第2号文書と第7号文書に該当するところ、この契約書には、月間最低保証額があり、一台当たり1万5千円で、対象のコピー機が10台ですので、それに契約期間5年間（60か月）を乗じた900万円が、この契約書の契約金額となります。
　このように、この契約書には契約金額の記載があることから、通則3イ本文によって、請負契約に関する第2号文書に所属が決定します。
⑦ その結果、この契約書の契約金額の900万円は、課税物件表の第2号文書の「課税標準及び税率」の欄の「500万円を超え1千万円以下のもの」に該当します。したがって、印紙税額は、1万円になります。

以上より、この契約書は第2号文書に該当し、印紙税額は1万円となります。

例5　運送契約書

運送契約書

　山下電気（甲）と吉岡運送（乙）とは、甲の製造物の運送について、以下のとおり契約を締結する。
記
　委託内容　　甲の製造物の運送業務
　運送料金　　運賃見積表による
　最低月間料金　月額　500万円
　支払方法　　毎月15日締め、当月末までの銀行振込みで送金

| 契約期間 | 平成28年9月1日から1年間、期間満了前3か月内に、異議のない場合には、さらに1年更新する。 |

平成28年8月20日

　　　　　　　　　　　　　　　　　　甲　山下電気　印
　　　　　　　　　　　　　　　　　　乙　吉岡運送　印

　この契約書は、運送委託を業務とする契約書ですから、第1号の4文書の運送に関する契約書に該当します。この契約書が、第1号の4文書の課税要件に該当する点については、自分で判断してください。
　では、この契約書は、第7号文書に該当するでしょうか。
① 甲と乙は、いずれも営業者ですから、営業者間の取引に該当します。
② この契約書は、運送に関するものです。
③ この契約書は、2回以上の取引に該当することは明らかです。
④ 契約期間は1年で、3か月を超えています。
⑤ この契約書では、支払方法を定めています。
⑥ この文書は、第1号の4文書と第7号文書に該当するところ、この契約書には、最低月額料金を500万円と定めており、契約期間が1年となっています。そこで、この両者を乗じると、6,000万円になります。よって、この契約書の契約金額は、6,000万円となります。
　　そして、契約金額の記載がありますので、通則3イ本文で、この契約書は、第1号の4文書に所属が決定します。
⑦ 課税物件表の第1号の4文書の「課税標準及び税率」の欄をみれば6,000万円は、「5千万円を超え1億円以下のもの」に該当しますから、印紙税額は、6万円となります。

　以上より、この契約書は<u>第1号の4文書</u>に該当し、印紙税額は<u>6万円</u>となります。

例6 単価通知書

製造の委託先に、決定した加工料などを通知する文書です。

単価通知書

山下工業　御中

　売買基本契約に基づく電気器具の部品加工に関する単価が決まりましたので、通知いたします。

　　取引保守　電機器具の部品加工
　　契約単価　1個当たり、1,500円

　　平成29年2月20日
　　　　　　　　　　　　　　　　　　　　　吉岡電産　印

　この文書の表題は、「…通知書」ですから、これだけだと一方的な意思を示しているにすぎませんので、両当事者の合意で成立する契約の成立事実（課税事項）の記載があるとは言えません。もっとも、文書には「契約単価」との記載があります。「契約単価」とは、当事者の合意があることを示して、「契約」という記載になっていると読むことができます。よって、この単価通知書は、印紙税法上の契約書になります。

　では、この文書は、どの号の文書になるのでしょうか。まず、単価決定通知書を見ると、「部品加工」という請負の重要事実が記載されており、第2号文書に該当することがわかります。また、以下のとおり第7号文書にも該当します。

① 営業者間の取引です。

② 請負に関するものです。

③ この契約書は、売買基本契約に基づくものなので、2回以上の取引であることは明らかです。

④ 契約期間の定めはありません。

⑤ 電気器具の部品という目的物の種類を定めています。
⑥ 以上の検討のとおり、この文書は第2号文書と第7号文書に該当しますので、所属の決定が必要になります。この文書には、契約金額の記載がないので、第7号文書になります。
⑦ 印紙税額は、4,000円になります。

以上より、この契約書は第7号文書に該当し、印紙税額は4,000円となります。

5　第17号文書

（1）第17号文書の類型

第17号文書の「受取書」とは、一般的には、領収書と呼ばれるものです。
第17号文書は、以下の2つの類型に分けられます。

・第17号の1文書（売上代金に係る金銭などの受取書）
・第17号の2文書（売上代金以外の金銭などの受取書）

ア　第17号の1文書（売上代金に係る金銭などの受取書）の説明

「売上代金」とはどういうものをいうのでしょうか。
「売上代金」とは、資産の譲渡、資産の使用、役務の提供の対価をいいます。

・「資産の譲渡」の対価の代表例

物品の売上代金、土地建物など不動産の売却代金、債権の譲渡代金、特許権の譲渡代金、手形の割引代金などがあります。

・「資産の使用」の対価の代表例

土地建物の賃貸料、貸付金の利息、機械などのリース料、土地の賃貸借に関する権利金などがあります。

・「役務の提供」の対価の代表例

請負代金、委託報酬、運送料、保管料、仲介料などがあります。

イ　第17号の2文書（売上代金以外の金銭などの受取書）の説明

「売上代金以外の金銭など」にはどういうものがあるのでしょうか。
借入金、敷金、返還義務のある保証金、預貯金、出資金、リベート、損害賠償金、保険料、各種の会費などがあります。

ウ　税率の違い

そして、売上代金に係る受取金額の記載があるかないかによって税率も

異なります。

課税要件の区分と印紙税額

・売上代金に係る金銭などの受取書で受取金額の記載のあるもの
　　　　　　　　　………………… 記載金額で印紙税額が変わる

・それ以外の受取書 ………………… 1通　200円

以上を図にすると以下のようになります。

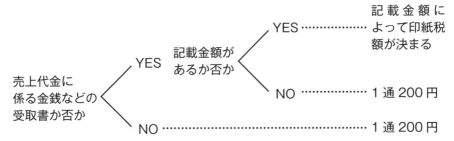

別表第一の課税物件表　第17号文書

<課税標準及び税率>
1　売上代金に係る金銭又は有価証券の受取書で受取金額の記載のあるもの　次に掲げる受取金額の区分に応じ、一通につき、次に掲げる税率とする。
100万円以下のもの　　　　　　　　　200円
100万円を超え200万円以下のもの　　400円
200万円を超え300万円以下のもの　　600円
300万円を超え500万円以下のもの　　1千円
500万円を超え1千万円以下のもの　　2千円
1千万円を超え2千万円以下のもの　　4千円
2千万円を超え3千万円以下のもの　　6千円
3千万円を超え5千万円以下のもの　　1万円
5千万円を超え1億円以下のもの　　　2万円

	1億円を超え2億円以下のもの	4万円
	2億円を超え3億円以下のもの	6万円
	3億円を超え5億円以下のもの	10万円
	5億円を超え10億円以下のもの	15万円
	10億円を超えるもの	20万円
2	1に掲げる受取書以外の受取書	
	1通につき	200円

(2) 第17号文書の課否判断の手順

第17号文書の課否判断の手順は以下のとおりです。

① 金銭などの受領の事実を証明しているか
② 営業に関しないものでないか
③ 受取金額が合計5万円以上か
④ 売上代金かそれ以外の受取原因の記載があるか
⑤ 印紙税額はいくらか（課税標準及び税率のどれに該当するか）

ア 金銭などの受領の事実を証明しているか（①）

　第17号文書は、金銭などの受領の事実を証明する目的で作成される文書です。第17号文書は、金銭の他にも有価証券の受取書も含まれています。印紙税法上の有価証券は、一般的な有価証券よりも範囲が広く、株券、手形、小切手、受益証券、商品券、プリペイドカードなどがこれにあたります。

イ 営業に関しないものでないか（非課税文書に該当しないこと）（②）

　下記の別表第一課税物件表の第17号文書の「非課税物件」の欄を見てください。その欄の「2」のところに、「営業（・・・）に関しない受取書」という記載があります。これは、第17号文書の非課税要件を定めたものです。

　したがって、この非課税要件に該当しないことが、第17号文書の課税要件になります。

印紙税は、経済取引に関する流通税ですから、経済取引と関係がないものに課税するのは適切ではありません。そこで、課税対象の受取書を、経済取引に関するものに限定するための課税要件が「営業に関しないものでない」、換言すれば、「営業に関するもの」です。この点については、第7号文書の課税要件である「営業者」と同じ発想の要件です。つまり、第7号文書の「営業者」と、第17号文書の「営業」は同じ意味です。この点については、第7号文書のところで説明したので、P.116～P.118を参照してください。

別表第一の課税物件表（第17号文書）

＜非課税物件＞
1　記載された受取金額が5万円未満の受取書
2　営業（会社以外の法人で、法令の規定又は定款の定めにより利益金又は剰余金の配当又は分配をすることができることとなつているものが、その出資者以外の者に対して行う事業を含み、当該出資者がその出資をした法人に対して行う営業を除く。）に関しない受取書
3　有価証券又は第八号、第十二号、第十四号若しくは前号に掲げる文書に追記した受取書

以下の者が作成する受取書が「営業に関しないもの」となります。
ⅰ）商人ではない
　　・農業・漁業などを行っている者、サラリーマン、内職者
　　・弁護士、税理士、医師、薬剤師など

ⅱ）法人の場合、配当が制限されているもの
　　・国、地方公共団体
　　・公益法人、ＮＰＯ法人
　　・医療法人

ⅲ）配当をすることができる会社以外の法人が、出資者との間で行う取引（第17号文書の非課税要件）
　・出資者との間で取引を行う農業協同組合
　・出資者との間で取引を行う信用金庫など

ウ　受取金額が合計5万円以上か（非課税文書に該当しないこと）（③）

別表第一課税物件表の第17号文書の「非課税物件」の欄に、非課税要件として、「記載された受取金額が5万円未満の受取書」と規定されています。

したがって、受取書で記載された受取金額が5万円以上であることが、第17号文書の課税要件になります。

エ　売上代金かそれ以外の受取原因の記載があるか（④）

手順①～③までの検討で第17号文書の課税要件に該当したら、次は印紙税額を確定します。

受取書の印紙税額を決定するには、次の2つの要素が重要になります。

　・売上代金の受取書か、売上代金以外の受取書か
　・受取金額はいくらか

第17号の1文書と第17号の2文書では、適用される課税標準及び税率も異なりますので、当該受取書が第17号の1文書に該当するのか、第17号の2文書に該当するのかを決める必要があります。

(ア) 売上代金に関する受取原因の記載がある場合

　第17号の1文書は売上代金の受領事実を証明するものですから、文書上、本章5（1）アで挙げたような受取原因が記載されていれば、売上代金の受取原因の記載があるといえ、第17号の1文書に該当します。

(イ) 売上代金以外のものの受取原因の記載がある場合

　第17号の2文書は売上代金以外のものの受領事実を証明するものですから、文書上、本章5（1）イで挙げたような受取原因が記載されていれば、売上代金以外のものの受取原因の記載があるといえ、第17号の2文書に該当します。

(ウ) 売上代金とそれ以外のものの両方の受取原因の記載がある場合

　では、1つの文書に、売上代金の受取原因と売上代金以外の受取原因が両方記載されている場合はどのように考えるのでしょう。

　例えば、貸付金の返還と利息の支払いを同時にするような場合、1つの受取書に貸付金の返還と利息の支払いの両方を記載するのが一般的です。この場合、貸付金の返還に関する部分は売上代金以外のものとなり、利息の支払いに関する部分は売上代金に該当することになりますので、この文書の記載金額をどのように考えるか、また第17号の1文書と第17号の2文書のどちらの課税標準及び税率を適用すべきかが問題となります。

　この場合、第17号文書の定義欄1のイにより、受取書に記載されている受取金額の一部に売上代金が含まれている金銭の受取書は、売上代金に関する第17号の1文書になります。

　そして、上記の検討の結果、第17号の1文書に該当することになった場合、その記載金額は、通則4ハにより、売上代金の金額とそれ以外の金額とが「区分」されているかどうかで決まります。

　　ⅰ) 区分されている場合

売上代金の金額を受取書の記載金額とする。
ⅱ）区分されていない場合
売上代金の金額とそれ以外の金額の合計金額を受取書の記載金額とする。

以下に、具体例を用いて説明します。
ⅰ）区分されている場合（元本と利息を区分した場合）の例

領 収 書

甲株式会社殿

　　　　　貸付金の返済　　500万円
　　　　　利息の支払　　　15万円

　　　　　以上の金額を受け取りました。

　　　　　　　　　　　平成29年2月28日
　　　　　　　　　　　　乙株式会社　印

まず、第17号文書の定義欄1のイにより、受取書に記載されている受取金額の一部に売上代金が含まれている金銭の受取書は、売上代金に関する第17号の1文書になるところ、この領収書には、「利息の支払15万円」との記載がありますので、<u>第17号の1文書</u>になります。

次に、この領収書では、売上代金に係る金額とその他の金額が区分されているかどうかを検討します。この領収書には、「利息の支払」として15万円を受け取った旨記載されていますので、これは売上代金に係る金銭の受領事実を証明しているものだとわかります。また、「貸付金の返済」として500万円を受け取った旨記載されていますので、これは売上代金以外の金銭の受領事実を証明しているものだとわかります。以上のように、この領収書では、売上代金に係る金額とその他の金額がはっきりと区分さ

れています。

　したがって、通則4ハ（1）により、売上代金に係る金額である、利息の支払額15万円が、この領収書の記載金額になります。

　下記の別表第一の課税物件表の第17号文書の「課税標準及び税率」の欄の「1」を見てください。

　記載金額15万円は、「課税標準及び税率」の欄の「100万円以下のもの」に該当しますので、印紙税額は、200円となります。

＜課税標準及び税率＞

1　売上代金に係る金銭又は有価証券の受取書で受取金額の記載のあるもの　次に掲げる受取金額の区分に応じ、一通につき、次に掲げる税率とする。

100万円以下のもの	200円
100万円を超え200万円以下のもの	400円
200万円を超え300万円以下のもの	600円
300万円を超え500万円以下のもの	1千円
500万円を超え1千万円以下のもの	2千円

ⅱ）金額が区分されていない場合（元利を合計した場合）の例

領収書

甲株式会社殿

　　　　元利合計
　　　　　　金515万円を受領いたしました。

　　　　　　　　　　　　平成29年2月28日

　　　　　　　　　　　　　　　乙株式会社　印

第17号文書の定義欄1のイにより、受取書に記載されている受取金額の一部に売上代金が含まれている金銭の受取書は、売上代金に関する第17号の1文書になるところ、この領収書には、「元『利』合計515万円」との記載がありますので、売上代金を含む受取書であることがわかります。よって、この領収書は<u>第17号の1文書</u>になります。

　この領収書には、「元利合計金515万円」との記載があるのみで、売上代金に係る利息の部分と、売上代金以外の元本の部分とが区分されていません。

　したがって、通則4ハ（2）により、この領収書の記載金額は、元利の合計金額515万円となります。

　そこで、別表第一の課税物件表の第17号文書の「課税標準及び税率」の欄の1を見てください。この領収書の記載金額の515万円は、「課税標準及び税率」の欄の「500万円を超え1千万円以下のもの」に該当します。したがって、<u>印紙税額は、2,000円</u>となります。

　なお、この事例で、元利合計額の記載があっても、その他に「（うち、利息が15万円）」という記載があれば、売上代金である利息が15万円、それ以外の金額が500万円ということがわかりますので、金額の区分があることとなります。この場合は、利息の15万円を記載金額として、印紙税額は200円となります。

領　収　書

甲株式会社殿

　　　　元利合計（うち、利息が15万円）
　　　　金515万円を受領いたしました。

　　　　　　　　　　　　　　　　平成29年2月28日
　　　　　　　　　　　　　　　　　　乙株式会社　印

このように、「売上代金に係る金額」と「それ以外の金額」とを区別できる記載があるかないかで、印紙税額が変わります。したがって、「それ以外の金額」がある場合には、そのことがわかるように明確な記載を心がける必要があります。「売上代金以外のもの」である借入金、敷金、保証金等が、「売上代金に係る金額」に含まれないようにすることが必要です。

オ 印紙税額はいくらか（⑤）

第17号文書の印紙税額は、別表第一の課税物件表の第17号文書の「課税標準及び税率」の欄のどれに該当するかで決まります。

```
＜課税標準及び税率＞
1  売上代金に係る金銭又は有価証券の受取書で受取金額の記載のあ
   るもの　次に掲げる受取金額の区分に応じ、一通につき、次に掲げ
   る税率とする。
        100万円以下のもの                200円
        100万円を超え200万円以下のもの    400円
        200万円を超え300万円以下のもの    600円
        300万円を超え500万円以下のもの    1千円
        500万円を超え1千万円以下のもの    2千円
        1千万円を超え2千万円以下のもの    4千円
        2千万円を超え3千万円以下のもの    6千円
        3千万円を超え5千万円以下のもの    1万円
        5千万円を超え1億円以下のもの      2万円
        1億円を超え2億円以下のもの        4万円
        2億円を超え3億円以下のもの        6万円
        3億円を超え5億円以下のもの       10万円
        5億円を超え10億円以下のもの      15万円
        10億円を超えるもの               20万円
2  1に掲げる受取書以外の受取書
        1通につき                        200円
```

上記の第17号文書の「課税標準及び税率」の欄を見てください。「1」の「売上代金に係る記載金額のある受取書」と「2」の「それ以外の受取書」の各々の印紙税額に大きな違いがあることがわかります。

「1」の売上代金に係る記載金額のある受取書→記載金額によって印紙税額が異なります。以下のように、記載金額が大きくなると印紙税額が高くなります。

記載金額	印紙税額
100万円	200円
1,000万円	2,000円
1億円	2万円
10億円	15万円

「2」のそれ以外の受取書→印紙税は、1通につき200円

(3) 第17号文書の課否判断の基礎となるもの

第17号文書の事例を検討する際、課否判断の基礎となるものは、課税事項、証明目的、非課税要件、課税標準及び税率です。

ア　課否判断の手順

第17号文書の課否判断の手順は以下のとおりです。

① 金銭などの受領の事実を証明しているか
② 営業に関しないものでないか
③ 受取金額が合計5万円以上か
④ 売上代金かそれ以外の受取原因の記載があるか
⑤ 印紙税額はいくらか（課税標準及び税率のどれに該当するか）

イ 非課税要件

課税物件表の第17号文書の「非課税物件」に記載されている非課税要件は以下のとおりです。したがって、この非課税要件に該当しないことが、課税要件になります。

<非課税物件>

1 記載された受取金額が5万円未満の受取書
2 営業（会社以外の法人で、法令の規定又は定款の定めにより利益金又は剰余金の配当又は分配をすることができることとなつているものが、その出資者以外の者に対して行う事業を含み、当該出資者がその出資をした法人に対して行う営業を除く。）に関しない受取書
3 有価証券又は第八号、第十二号、第十四号若しくは前号に掲げる文書に追記した受取書

ウ 課税標準及び税率

課税物件表の第17号文書の「課税標準及び税率」の欄によって、印紙税額が決まります。
その基礎になるのが、売上代金の受取書なのか、それ以外の受取書なのか、その記載金額はいくらかの検討です。これにより印紙税額が決まります。

<課税標準及び税率>

1 売上代金に係る金銭又は有価証券の受取書で受取金額の記載のあるもの　次に掲げる受取金額の区分に応じ、一通につき、次に掲げる税率とする。

100万円以下のもの	200円
100万円を超え200万円以下のもの	400円
200万円を超え300万円以下のもの	600円
300万円を超え500万円以下のもの	1千円
500万円を超え1千万円以下のもの	2千円

1千万円を超え2千万円以下のもの	4千円
2千万円を超え3千万円以下のもの	6千円
3千万円を超え5千万円以下のもの	1万円
5千万円を超え1億円以下のもの	2万円
1億円を超え2億円以下のもの	4万円
2億円を超え3億円以下のもの	6万円
3億円を超え5億円以下のもの	10万円
5億円を超え10億円以下のもの	15万円
10億円を超えるもの	20万円

2　1に掲げる受取書以外の受取書
　　1通につき　　　　　　　　　　　　200円

（4）第17号文書の課否判断を身に付ける

例1　領収書その1

　　　　　　　　　　　領　収　書

　大矢さなえ殿

　　　　　金162万円
　　　　　確かに、受領いたしました。

　　　　　　　　　　　　　　　平成29年2月28日

　　　　　　　　　　　　　　　　　　　板垣商店　印

　この領収書の印紙税額はいくらでしょうか。
　第17号文書の課否判断の手順は以下のとおりです。

① 金銭などの受領の事実を証明しているか
② 営業に関しないものでないか
③ 受取金額が合計5万円以上か
④ 売上代金かそれ以外の受取原因の記載があるか
⑤ 印紙税額はいくらか（課税標準及び税率のどれに該当するか）

① 金銭などの受領の事実を証明しているか

　この文書は、表題が領収書となっていて、しかも、162万円を受領した旨の記載があり、板垣商店の記名押印があります。したがって、金銭の受領の事実を証明していることは明らかです。

② 営業に関しないものでないか

　この領収書の末尾に領収書作成者である「板垣商店」の記名押印がありますから、作成者は「板垣商店」という営業者であると思われ、この領収書は営業に関しないものではないことがわかります。

③ 受取金額が合計5万円以上か

　この領収書の「記載された受取金額」は、162万円です。したがって、非課税要件の5万円未満には該当しません。

④ 売上代金かそれ以外の受取原因の記載があるか

　この領収書の記載では、受取原因が「売上代金に係る」ものなのか、「それ以外のもの」なのかは、不明です。

　これについては、第17号文書の定義欄1のイに規定があります。

> ＜定義＞
>
> 1　売上代金に係る金銭又は有価証券の受取書とは、（省略）次に掲げる受取書を含むものとする。
> 　　イ　当該受取書に記載されている受取金額の一部に売上代金が含まれている金銭又は有価証券の受取書及び当該受取金額の全部又は一部が売上代金であるかどうかが当該受取書の記載事項により明らかにされていない金銭又は有価証券の受取書

　第17号文書の定義欄1のイによれば、受取書に記載されている受取金額の全部が売上代金であるかどうかが受取書の記載事項により明らかにさ

れていない金銭の受取書は、売上代金に関する第17号の1文書になります。よって、事例の領収書も<u>第17号の1文書</u>となり、その記載金額は162万円となります。

⑤ 税額はいくらか

　この領収書は、第17号の1文書の売上代金に係る金銭の受取書です。

　別表第一の課税物件表の第17号文書の「課税標準及び税率」の欄を見てください。記載金額は、162万円です。その金額は「100万円を超え200万円以下のもの」に該当します。したがって、この領収書の<u>印紙税額は、400円</u>となります。

別表第一の課税物件表（第17号文書）

＜課税標準及び税率＞
1　売上代金に係る金銭又は有価証券の受取書で受取金額の記載のあるもの　次に掲げる受取金額の区分に応じ、一通につき、次に掲げる税率とする。 　　　100万円以下のもの　　　　　　　　200円 　　　100万円を超え200万円以下のもの　400円 　　　200万円を超え300万円以下のもの　600円 　　　300万円を超え500万円以下のもの　1千円 　　　500万円を超え1千万円以下のもの　2千円 　　　1千万円を超え2千万円以下のもの　4千円

例2　領収書その2

```
　　　　　　　　　　領　収　書

　甲株式会社殿
　　　　　　　貸付金　100万円
　　　　　　　利息分　　4万円
```

> 合計金　104万円を受領いたしました。
>
> 　　　　　平成29年2月28日
> 　　　　　　　　　乙株式会社　印

　貸付金と利息を受け取った場合の非課税額はどうなるでしょうか。
　この領収書には、2種類の金銭の受領の事実が記載されています。
　貸付金の返還は、元本そのものの返還で、資産使用の対価ではないので、「貸付金100万円」の記載は、売上代金以外の金銭の受領の事実を証明しているといえます。それに対し、利息は資産の使用の対価なので、「利息分4万円」の記載は、売上代金の受領の事実を証明していることになります。
　したがって、この領収書には、売上代金の受領の事実が記載されているため、第17号文書の定義欄の1のイにより、<u>第17号の1文書</u>になります。

　では、この領収書は、非課税要件の受取金額5万円未満のものとして、非課税文書になるのでしょうか。
　非課税要件の受取金額5万円未満か否かの判断は、売上代金に係る金額と売上代金以外の金額の合計額で行うことになっています。
　この点、これまでの事例検討で、印紙税額がいくらかを検討するために、当該文書が第17号の1文書と第17号の2文書のいずれの文書となるのかを判断し、そのいずれか一方の記載金額をもとに印紙税額の検討をしていました。この印紙税額の算出の話と、ここで問題となっている受取金額5万円未満か否かの判断とは異なりますので、この点には注意が必要です。その理由は、別表第一課税物件表の第17号文書の「課税標準及び税率」の欄と「非課税物件」の欄に記載されている文言の違いにあります。
　まず、別表第一課税物件表の第17号文書の「課税標準及び税率」の欄の文言を見てください。

<課税標準及び税率>

1 売上代金に係る金銭又は有価証券の受取書で受取金額の記載のあるもの　次に掲げる受取金額の区分に応じ、一通につき、次に掲げる税率とする。

100万円以下のもの	200円
100万円を超え200万円以下のもの	400円
200万円を超え300万円以下のもの	600円
300万円を超え500万円以下のもの	1千円
500万円を超え1千万円以下のもの	2千円
1千万円を超え2千万円以下のもの	4千円
2千万円を超え3千万円以下のもの	6千円
3千万円を超え5千万円以下のもの	1万円
5千万円を超え1億円以下のもの	2万円
1億円を超え2億円以下のもの	4万円
2億円を超え3億円以下のもの	6万円
3億円を超え5億円以下のもの	10万円
5億円を超え10億円以下のもの	15万円
10億円を超えるもの	20万円

2 1に掲げる受取書以外の受取書
　　1通につき　　　　　　　　　　　　　　　200円

「売上代金に係る金銭又は有価証券の受取書で受取金額の記載のあるもの」と規定しています。この規定だと、「売上代金」に関する受取書の場合を前提としています。したがって、印紙税額を決定する場合には、「売上代金」の記載額によることになります。

次に、下記の非課税要件を定める別表第一課税物件表の「非課税物件」の欄の文言を見てください。

<非課税物件>

1　記載された受取金額が5万円未満の受取書

「売上代金」に係る金銭などの受取書などの限定もなく、単純に「記載された受取金額」としか書かれていません。この文言に従えば、受取書に「売上代金」と「それ以外の金額」の両方が記載されている場合は、いずれも、受取書に記載された金額ですので、その受取書の記載金額は、「売上代金」と「それ以外の金額」の合計額によって非課税要件を満たすかどうかを判断することになります。

したがって、事例の領収書についても「売上代金」と「それ以外の金額」の2つの受取金額の記載がありますので、その合計額で5万円未満か否かを判断することになります。事例の領収書に記載された貸付金100万円と利息4万円の合計額は、104万円ですので、非課税要件の5万円未満にはあたりません。

　　　104万円＞5万円未満

したがって、この領収書は非課税文書にはなりません。

例3　領収書その3

領　収　書

経営指導料　　　　10万円
交通費として　　　1万2,000円

　　　上記正に領収いたしました。

平成29年2月1日

　　　　　　　　中小企業診断士　　吉岡　三四郎　印

この領収書が第17号文書の課税要件に該当するかどうかを課否判断の手順に沿って、順序良く1つひとつ検討してください。その癖がついたら、次第に自分の頭で何が問題かがわかるようになります。法律家に一歩近づ

きます。

　第17号文書の最初の検討事項は、①金銭などの受領の事実を証明しているか、でした。事例の領収書には経営指導料10万円と交通費1万2,000円を領収した旨の記載があり、領収書の作成者の記名押印がありますので、金銭などの受領の事実を証明しているといえます。
　では、②営業に関しないものでないか、についてはどうでしょうか。この領収書が「営業に関しない受取書」に該当すれば、非課税要件に該当するところ、中小企業診断士は、医師や弁護士、税理士などと同じように、商人ではなく、その業務も営業に関しないものとされています。
　したがって、この領収書は非課税要件に該当し、非課税文書になります。

例4　領収書その4

```
                    領　収　書

山本精機様
            税理士報酬　324万円
            （消費税額24万円を含む）
            上記正に領収いたしました。

    平成29年2月1日
                        水野・山下税理士法人　印
```

　課否判断手順の①から⑤までを検討してください。
　結論だけ申し上げますと、この領収書は、税理士法人が、出資者以外の者から報酬を受け取った時に、その受領の事実を証明するために作成したものですから、売上代金に係る金銭などの受取書として、<u>第17号の1文書</u>に該当します。
　その記載金額は、消費税額が明確に区分されていますので、それを除い

た、300万円となります。したがって、印紙税額は、600円となります。
なお、課否判断手順の②営業に関しないものでないかという点に関して、税理士は商人ではないので、税理士の作成する領収書は、営業に関するものではないとして非課税文書になります。他方、税理士法人は、利益配当ができる法人なので、出資者以外の者に交付する領収書は、営業に関するものとして、第17号文書の課税文書になります。よって、本事例でも営業に関しないものではなく、課税文書になります。

例5　領収書その5（クレジットカード払い）

```
            領　収　証

山下様
          置物　　350万円


平成29年3月10日
                           山野美術店　印
```

この領収書は、山下さんが350万円の置物を、クレジットカード払いで購入したときに山野美術店より受け取った領収書です。
　この領収書は、何が問題なのでしょうか。
　ここでも、第17号文書の課否判断手順に沿って検討していきましょう。
　最初の検討事項は①金銭などの受領の事実を証明しているか、です。「領収書」と表題があり、さらに、置物と350万円と記載しているので、置物の購入代金として、350万円を受領した事実が証明されています。
　その他、課否判断の手順に沿って検討すると、手順①～③で検討する第17号文書の課税要件をすべて満たすことがわかります。
　では、この領収書に印紙税が課されるのでしょうか。
　この事例のようにクレジットカードを利用して商品等を購入した場合、金銭などの受領の事実がありませんから、領収書は金銭などの受領の事実

を証明するものではなくなり、課税されません。

　もっとも、この事例の領収書にはクレジットカード利用に関する記載がありません。印紙税は文書課税です。文書の記載を重視して、課税文書になるかどうかを判断するものです。クレジットカードの利用を領収書に記載すれば、それがわかりますが、その記載がなければ、クレジットカードの利用がわかりません。

　したがって、この事例の領収書の場合には、クレジットカード利用の記載がなく、文書上は単に金銭を受領した旨を証明していますから、課税文書に該当し、印紙税が課されます。

　受取金額は売上代金に係る350万円ですから、<u>第17号の1文書</u>の課税標準及び税率「300万円を超え500万円以下のもの」で、<u>印紙税額は1,000円</u>になります。

例6　領収書その6（プリペイドカード利用）

```
　　　　　　　　　領　収　証

　山下様
　　　　　　　プリペイドカード利用


　　　洋服　　15万円


　　　　　　　平成29年3月10日

　　　　　　　　　　　　　　吉岡洋装店　印
```

　この領収書は、プリペイドカードの利用であることを記載しています。この場合には、第17号文書の課税要件に該当しないのでしょうか。

　プリペイドカードによる支払いは、①金銭などの受領の事実を証明しているかどうかが問題となります。

　課税物件の「物件名」の欄を見てください。第17号の1文書として「売上代金に係る金銭又は有価証券」と書いてあります。そして、プリペイド

カードは有価証券なので、この「有価証券」の受取書に該当します。

したがって、この領収書も、第17号の1文書になります。

他の課税要件も検討して、印紙税額を出してみてください。課否判断の手順に沿って①から⑤まで検討すると、印紙税額は200円になるはずです。

例7　領収書その7

```
                    領　収　書

水野様

    以下のとおり金銭を拝受いたしました。
        貸付金        4万8,000円
        利息          2,400円

平成29年2月10日
                                    吉岡商事　印
```

この領収書では、貸付金の返還と利息の受領の事実を記載しています。

第17号文書の課税要件に該当するかどうかをご自分で検討してください。

貸付金の返還は、元本そのものの返還で、資産の使用の対価ではないので、売上代金以外の金銭の受領の事実を証明しています。

利息は資産の使用の対価なので、売上代金に係る金銭の受領の事実を証明しています。したがって、この領収書は、第17号文書の定義欄1のイにより、第17号の1文書になります。

問題は、課否判断の手順③に関して、貸付金も利息も各々の金額は5万円未満という非課税要件に該当する点です。この非課税要件に該当する

第6章　主要文書における課否判断

かどうかは、貸付金と利息の合計額で決めるのです。その合計額は、5万400円ですから、5万円未満の非課税要件には該当しません。

　それでは印紙税額を決める記載金額はいくらなのでしょうか。
　第17号文書の記載金額を決めるルールとして、通則4ハ(1)があります。
　それによれば、「売上代金に係る金額」と「それ以外の金額」が区分できるときは、売上代金に係る金額が、第17号の1文書の記載金額になります。
　したがって、この領収書では、利息の2,400円が記載金額となります。
　その結果、この領収書の印紙税額は、第17号の1文書の「課税標準及び税率」の欄の「100万円以下のもの」に該当し、200円となります。

例8 領収書その8

```
　　　　　　　　　領　収　書

　保守サービス料及び交通費合計として
　　　　　　　　　5万6,480円

　　上記金額を領収いたしました。

　　　　　　　　　　　平成29年3月1日
　　　　　　　　　　　　　　水野保守サービス　印
```

　ここでも、この領収書が第17号文書の課税要件に該当するかどうかを課否判断の手順に沿って検討してください。手順①②は問題なく検討できるでしょう。
　問題となるのは、③受取金額が合計5万円以上かという点ではないでしょうか。この点に関しては、受取金額の合計額で判断することは前述したとおりです。したがって、この事例でも保守サービス料及び交通費の合計額で判断してください。合計額は5万6,480円ですから、非課税文書

にはあたりません。

④この領収書に、売上代金かそれ以外の受取原因の記載があるかについて、「保守サービス料」は売上代金に係る金額であり、「交通費」は実費ですからそれ以外の金額ですね。つまり、この領収書には売上代金に係る受取金額の記載と、売上代金以外の受取金額の記載があります。

⑤印紙税額がいくらかを検討するために、この領収書の記載金額を知る必要があります。

まず、受取書に記載されている受取金額の一部に売上代金が含まれている金銭の受取書は、第17号文書の定義欄1のイにより、<u>第17号の1文書</u>になるのでしたね。

売上代金に係る受取金額とそれ以外の受取金額の両方の記載がある場合、記載金額の決め方はどうなっていたでしょうか。

その点を決めているのが、通則4ハに書かれている以下のルールです。

ⅰ）売上代金に係る金額とそれ以外の金額が、区分されている場合には、売上代金の金額を記載金額とする。
ⅱ）この区分ができないときは、両方の金額の合計額とする。

この領収書では、区分ができない場合ですので、合計額の5万6,480円が記載金額となります。

この5万6,480円の内訳が次のようなものだったとします。

  サービス料　　4万8,000円
  その消費税額　　3,840円
  交通費　　　　4,640円

その区分を明確にしたとしても、非課税要件の判断では、受取金額の合計額を基準とするので、5万円未満に該当せず、非課税文書となりません。

記載金額は売上代金に係る5万6,480円ですから、「100万円以下のもの」に該当し、<u>印紙税額は200円</u>となります。

コラム③　消費税の特例措置

　消費税の特例措置とは、一定の条件を満たせば、記載金額を判断する際に、消費税額を含めないでよい、すなわち、税抜金額を記載金額として印紙税をおさめることができるという制度です。
　この特例措置を適用するための要件は、「消費税法の改正などに伴う印紙税の取扱いについて」という法令解釈通達に、以下のとおり定められています。

①特例措置を受けられる文書であること
　　ⅰ）第1号文書（不動産の譲渡等に関する契約書）
　　ⅱ）第2号文書（請負に関する契約書）
　　ⅲ）第17号文書（金銭又は有価証券の受取書）
②以下のいずれかに該当すること
　　ⅰ）消費税額等が具体的に記載されていること
　　ⅱ）消費税額等を含む金額と消費税額等を含まない金額の両方を具体的に記載し、消費税額等が容易に計算できること
③課税文書の作成者が課税事業者であること

　上記②のⅰ）消費税額等が具体的に記載されていることとは、以下のような記載の場合をいいます。
　① 請負金額 1,080万円
　　 税抜金額 1,000万円　消費税額等 80万円
　② 請負金額 1,080万円　うち消費税額等 80万円
　③ 請負金額 1,000万円
　　 消費税額等 80万円　　合計 1,080万円
　上記②のⅱ）消費税額等を含む金額と消費税額等を含まない金額の両方を具体的に記載し、消費税額等が容易に計算できることとは、以下のような記載の場合をいいます。

請負金額 1,080 万円

税抜価格 1,000 万円

　では、「合計金 108 万円（8％の消費税を含む）」という記載は②のⅱ）に該当するでしょうか。

　「(8％の消費税を含む)」という記載を手がかりにすれば、消費税額等を含む 108 万円という金額は、税抜価格が 100 万円であり、消費税額が 8 万円だと、容易に計算できます。

　　「消費税等を含む金額」　108 万円
　　　　　　↓
　　「8％の消費税を含む」
　　　　　　↓
　　税抜価格 100 万円＋消費税額　8 万円

　ここで、ⅱ）の要件の趣旨を、契約書の記載から消費税額が明確に計算できるのなら、その消費税額の控除を認めるというものであるとは考えられないでしょうか。

　「消費税額等を含む金額」と「消費税額等を含まない金額」の両方が具体的に記載されている場合とは、契約書の記載に基づいて「消費税額を容易に計算できる」典型例として取り上げたに過ぎないと捉えることもできそうです。そうであれば、両方の金額が記載されていなくても、契約書の記載に手がかりがあり、その記載に基づいて「消費税額を容易に計算できる」のであれば、両者の金額を記載して消費税が明確に示されているのと同じだと考えることもできます。そもそも、引き算と掛け算の違いはあっても、いずれの算式でも、答えの消費税額は同じです。同じ答えになり、それを認めることに不都合がないのに、引き算は認めて、掛け算は認めない、というのもおかしな気がします。

しかし、ⅱ）の要件は、「消費税額等を含む金額」と「消費税額等を含まない金額」の両方が具体的に記載されることを要求しています。
その趣旨は、次の計算式よって、「消費税額を容易に計算できる」場合に限定していると考えることもできます。

　　消費税額＝「消費税額等を含む金額」－「消費税額等を含まない金額」

ところが、「合計金108万円（8％の消費税を含む）」という記載の場合の計算式は次のとおりです。

　　消費税額＝「消費税額等を含む金額」×（消費税率→8％）

ただ、通達の文言を尊重する調査官は言うでしょう。
「『消費税額等を含まない金額』が具体的に記載されていない以上、この特例の適用は認めない。具体例を用いて、通達にそう書いてあるのだから、それにしたがっておけば足りるのに、わざわざ、通達に書かれていない記載方法を用いる必要がどこにあるのか。したがって、消費税の特例の適用は認められない。」と。
その意味では、「合計金108万円（8％の消費税を含む）」の記載は、実務上は、ⅱ）の要件に該当しないと判断することになり、消費税の特例措置の適用は認められない可能性が高いといえるでしょう。

第7章 納税義務者と納税地

この章で学ぶこと

- 課税文書の作成とはどのようなことか。
- 課税文書の納税義務者は誰か。
- 印紙税の納税地はどうやって決まるのか。

1 課税文書の作成

（1）作成の意義

　印紙税は、課税文書を作成した時に納税義務が生じます。

　では、課税文書の作成とはどのようなことを指しているのでしょうか。

　課税文書の「作成」とは、「単なる課税文書の調製行為をいうのではなく、課税文書となるべき用紙等に課税事項を記載し、これを当該文書の目的にしたがって行使すること」です（印紙税法基本通達44条1項）。

　ただ単に書面等に課税事項を記載しても、それだけでは「作成」したことにはならず、その課税文書を目的にしたがって行使して初めて「作成」したことになるのです。

（2）作成の時期

　それでは、課税文書の作成の時期とはいつでしょうか。

　文書の作成時期は、その文書を作成した目的にしたがって決まります。

　印紙税法基本通達44条2項では、文書の作成目的に応じて、異なる作成時期を定めています。それをわかりやすくしたのが、以下の表です。

「課税文書の作成の時」＝納税義務が生じる時

課税文書の目的	作成時＝納税義務の発生時	課税文書の種類
相手方に交付する目的で作成される課税文書	当該交付の時	領収証、約束手形、請書等
契約当事者の意思の合致を証明する目的で作成される課税文書	当該証明の時	両当事者の署名等のある契約書等

一定事項の付け込み証明をすることを目的として作成される課税文書	当該最初の付け込みの時	通帳、判取帳等
認証を受けることで効力の生じる課税文書	当該認証の時	定款
第5号文書のうち新設分割契約書	本店に備え置く時	新設分割契約書

2　納税義務者

(1) 納税義務者とは

課税文書に印紙を貼るべき人は誰でしょうか。

印紙税法では、課税文書を作成した人が印紙税を納める義務があると定めています（印紙税法3条1項「納税義務者」）。

(2) 課税文書の作成者

課税文書の作成者は、原則として、「課税文書に記載された作成名義人」です（印紙税法基本通達42条2号）。

例外として、作成名義人と異なる者が課税文書の作成者になることがあります。印紙税法基本通達42条1号は、法人や団体の役員や法人、団体、人の従業員が、法人、団体、人の業務又は財産に関して課税文書を作成した場合には、その課税文書の作成者は、法人、団体、人になると定めています。

印紙税法基本通達42条（作成者の意義等）1号まとめ

作成された文書	文書の作成名義人	文書の作成者
法人、団体の役員がその法人等の業務、財産に関し、役員の名義で作成する課税文書	法人や団体の役員	当該法人や団体
法人、団体、人の従業員がその法人等の業務、財産に関し、従業員の名義で作成する課税文書	法人、団体、人の従業員	当該法人、団体、人

(3) 複数人で課税文書を作成した場合

1つの課税文書を2人以上の人が共同して作成した場合には、その全員

が課税文書の作成者となります。そして、その作成者全員が連帯して印紙税を納める義務を負います（印紙税法3条2項）。

　連帯して印紙税を納める義務を負うということは、その印紙税の全額について作成者全員が各々納税義務を負うということです。そして、作成者のうち誰かが全額を納税すれば、その他の作成者全員についても納税義務が消滅します（印紙税法基本通達47条）。

例　売買契約書

売買契約書

　株式会社山下商事（「甲」）と吉岡次郎（「乙」）は、各々自己が所有する下記の土地を水野不動産株式会社（丙）へ売却することにつき以下のとおり約束をした。

　第1条　甲乙はそれぞれ丙に対し、下記の土地を売却することを約し、丙は、甲に対し5千万円、乙に対し5千万円を支払うことを約した。
　第2条　…

　本契約書は3通作成し、丙が正本を保管し、甲と乙が各々副本を保管するものとする。

平成29年2月28日

　　　　　　　　　売主　甲　　株式会社山下商事　　印
　　　　　　　　　売主　乙　　　　吉岡次郎　　　　印
　　　　　　　　　買主　丙　　水野不動産株式会社　印

　この売買契約書には、甲丙間の土地売買、乙丙間の土地売買の2つの課税事項が記載されていますが、いずれも不動産の譲渡に関する契約書として、第1号の1文書になります。

そして、この課税文書の作成者は、この契約書を共同で作成した甲、乙、丙の3者になります。

甲丙間の売買、乙丙間の売買はいずれも同じ号に該当する文書ですので、その金額の合計額が記載金額となります。したがって、甲丙間の5千万円と乙丙間の5千万円を合計した1億円が記載金額となります。

第1号文書の課税物件表の「課税標準及び税率」の欄によれば、「5千万円を超え1億円以下のもの」に該当しますので、印紙税額は、6万円になります。

この6万円を甲、乙、丙で各々その3分の1で2万円ずつ負担するのではありません。甲、乙、丙の各々が、1通6万円の印紙税の納税義務者となります。この事例では、この課税文書が3通作成されていますので、1通6万円×3通で甲乙丙は各々合計18万円の納税義務を負っています。

例えば、甲乙丙の間で、各々自分が保管する文書に印紙を貼る旨の合意があり、甲が自身の保管する正本に6万円の印紙を貼ったとしても、乙丙が副本に印紙を貼っていなければ、甲には依然として12万円分の納税義務が残されています。反対に、甲が1人で18万円の支出をして、正本副本それぞれに印紙を貼れば、その時点で乙と丙の納税義務も消滅します。

(4) 代理人が作成する場合の課税文書の作成者

代理人が課税文書を作成する場合の作成者は、印紙税法基本通達43条によって、次のようになります。

ⅰ) 代理人の名義で作成されている課税文書→代理人が作成者
ⅱ) 委任者の名義だけが記載されている課税文書→委任者が作成者

(5) 1つの文書に課税事項が複数ある場合の作成者

1つの文書に同一の号の課税事項が複数ある場合は、複数の課税事項の当事者がそれぞれ異なっていても、これらの当事者全員が共同作成者になります（印紙税法基本通達45条）。

1つの文書が、複数の号の課税文書に該当する場合には、第5章で述べたように、通則3の規定にしたがって所属の決定をします。そして、その所属の決定によって、所属することとなった号の課税事項の当事者がその文書の作成者となります（印紙税法基本通達46条）。

3 納税地

(1) 印紙税の納税地とは

　印紙税は課税文書に印紙を貼付し、消印することで納付する税金ですから、通常は納税地がどこか気にすることもあまりないでしょう。納税地が問題となるのは、印紙税の納付に不足が生じる場合などです。納付漏れ、納付額の不足等が発覚した場合には、課税文書の納税地を管轄する税務署に申し出なければなりません。

　では、印紙税の納税地とはいったいどのように考えるのでしょうか。

　印紙税の納税地は、課税文書ごとにその納税地をどう決めるのかが印紙税法に定められています。

(2) 納税地の特定

　納税地については、印紙税法6条にその定めがあり、課税文書の納付方法ごとに納税地の特定の仕方が決められています。

　そして、印紙貼付する課税文書の場合には、作成場所が明らかにされているものとそうでないものによって異なる扱いをしています。

ア 作成場所が明らかにされている場合

　印紙貼付による文書で、作成場所が明らかにされている場合、納税地はその文書の作成場所になります（印紙税法6条4号）。

イ 作成場所が明らかにされていない場合

　印紙貼付による文書で、作成場所が明らかにされていない場合の納税地は、文書の作成者が1人か複数かによって異なります（印紙税法6条5号）。

（ア）作成者が1人の場合

（ⅰ）作成者の事業に係る事務所等の所在地の記載がある場合

　　課税文書に作成者の事業に係る事務所、事業所その他これらに準ずるものの所在地の記載がある場合には、その文書の納税地は、

その事業所などの所在地になります（印紙税法施行令4条1項1号）。

(ⅱ) 作成者の事業に係る事務所等の所在地の記載がない場合

　　課税文書に作成者の事業に係る事務所、事業所その他これらに準ずるものの所在地の記載がない場合には、その文書の納税地は、作成時における作成者の住所（住所がない場合には、居所。）になります（印紙税法施行令4条1項2号）。

(イ) 作成者が複数の場合

(ⅰ) 作成者が所持している課税文書

　　課税文書を作成者が所持している場合には、その文書の納税地は、作成者が所持している場所になります（印紙税法施行令4条2項1号）。

(ⅱ) 作成者以外の者が所持している課税文書

　　課税文書を作成者以外の者が所持している場合には、作成者のうちその文書に最も先に記載されている者のみがその文書を作成したものと仮定されます。そのうえで、(ア) で述べた印紙税法施行令第4条1項各号の規定にしたがって納税地を特定します。

　　つまり、課税文書に最も先に記載された作成者の事業に係る事業所等の所在地の記載があれば、その所在地が納税地となり（同1号）、所在地の記載がなければ、作成時における作成者の住所が納税地になります（同2号）。

（3）作成場所が海外の場合

　課税文書の作成場所が海外の場合には、国内法である印紙税法の適用はありません。その文書の保管場所が日本でも、権利行使の場所が日本でも、作成場所が海外であれば、印紙税の課税はありません。

　しかし、税務調査の際に、印紙を貼るべき課税文書に印紙が貼られていないのを発見された場合、作成場所が海外であることの立証ができない

と、課税逃れとされかねません。したがって、課税文書の作成場所が海外である場合には、そのことが立証できるよう文書作成の時点からの備えが必要になります。

　例えば、課税文書に作成場所が海外であることを記載しておくことも有効でしょう。

第8章 印紙税の税務調査

この章で学ぶこと

- 印紙税の税務調査にはどのようなものがあるか。
- 印紙税の税務調査の実務を知ろう。

1　同時調査と単独調査

　印紙税の調査には、所得税や法人税の税務調査と同時に行われる同時調査と、印紙税のみについて調査が行われる単独調査とがあります。

　　同時調査⇒法人税等の調査＋印紙税調査
　　単独調査⇒印紙税だけの調査

（1）同時調査について

　同時調査とは、法人税等の税務調査の際に、同時に、印紙税に関する調査も行う調査です。

　優秀な調査官がいれば、同時調査は、納税者にとって、なかなか厳しいものになります。

　調査官の中には、印紙税に十分対応できていない企業が多いという現状を知り、印紙税法を勉強する人もいます。このような調査官は、多様な文書を見ることができるという有利な立場を生かし、同時調査の中で、印紙税につき、大きな成果を上げることができるでしょう。

　例えば、会員を募る事業を行っている企業の調査で、「お礼のハガキ」に印字された「6万円の入会金のお礼」の文言を見つけた場合、ハガキの枚数が多ければ多いほど、第17号の1文書として、大きな金額の過怠税を徴収することができるでしょう。

　あるいは、同種の文書を多数の取引先に出す企業が、印刷会社に大量の印刷物の印刷を依頼することに目をつけた調査官は、印刷会社からの納品書をみて、どのような種類の文書の印刷物を、どの程度の枚数、印刷しているかを知ることができます。そこに焦点を当てて、同時調査を進めていけば、「注文書」「申込書」「はがき」などから、大量の印紙税の納付漏れを発見できる可能性もあります。

ア　税務調査の立会いについて

（ア）税理士は同時調査に立会うことができるのか？

　同時調査の際、税理士は印紙税調査に立会う代理権限があるのでしょうか。

　結論からいえば、ノーです。

税理士の業務は、税理士法2条を根拠にしますが、印紙税は、その業務の範囲から除かれているからです。

　つまり、税理士には、法律的には、印紙税の同時調査に立会う代理権限はないのです。ただ、実務では、同時調査の際の印紙税調査への税理士の立会いは認められる場合が多いようです。税務調査手続きは実務優先で、便宜を重視しますので、税理士の立会を認める扱いが、実務上の便宜から黙認されているのです。これは、黙認する方が、調査官として同時調査が容易になると判断しているからです。

　ところが、法律を厳密に遵守する調査官が調査を担当した場合や、調査の結果、多額の印紙税を徴収できると調査官が考え、税理士の立会が調査をやりにくくすると調査官が判断した場合、調査官から、「税理士は立ち会わないでください」と言われることもありえます。そうなったら、税理士は立ち会うことはできないのです。

　その結果、納税者は、適切な反論ひとつできないまま、調査官のいうがままに多額の過怠税を徴収される可能性もあります。

（イ）弁護士は同時調査に立会うことができるのか？

　同時調査の際に、弁護士は印紙税調査に立ち会えるのでしょうか。弁護士法の規定からすれば、弁護士は、印紙税の同時調査に立ち会うことができます。弁護士法3条は、弁護士は、同時調査の立会を含む「その他一般の法律事務を行うことを職務とする」と規定しているからです。

　ただ現実には、同時調査で弁護士が印紙税調査に立ち会う例は極めて稀です。

　今後は、弁護士が印紙税調査に立ち会う例、あるいは、印紙税調査に関

して、後方支援で相談に乗る例を増やすべきだと思っています。なぜなら、印紙税法の問題は、民法や商法を基本にしており、契約書類等の証拠書類との関係が深く、文書の文言などについては法律的問題を含むという点で、それらを職務領域としている弁護士の得意分野のはずだからです。

　したがって、今後は、弁護士に印紙税法をマスターする機会を提供し、印紙税調査に立ち会ったり、助言をしたりする弁護士の育成をしたいと思っております。

（２）単独調査について

　単独調査とは、印紙税だけを対象にした税務調査です。単独調査は、比較的規模の大きな企業、あるいは、ある業界で類型的な印紙税法違反が発覚した場合などに行われる、印紙税狙いの調査です。

　大企業内、同業界内では、所定の書式の文書を何枚も作成していることが多いので、文書1枚当たりの印紙税額は安価なものでも、それが何千枚、何万枚も存在し、数億円、数十億円という多額の印紙税額の指摘を受ける可能性があり、注意が必要です。

ア　税務調査の立会いについて

　税理士は、前述のとおり、法律的には印紙税の税務調査に立会う代理権限を有しません。

　しかも、印紙税法に関する裁判例が皆無に近いという異常な法律領域ですので、印紙税法に詳しい弁護士は殆どいません。

　つまり、印紙税法に関していえば、事実上、法律の番人である最高裁判所を頂点とした司法のチェックも働かず、印紙税に関する専門の法律家であるべき弁護士もいないのです。

2 調査手法

　印紙税の税務調査には、様々な手法があります。

　以下、調査官の視点と思考過程を踏まえて、いくつかの手法をみてみましょう。

（1）企業は、多数の類型的文書を使って、契約書、申込書、発注書、請書、覚書、領収書、ご案内のハガキなどを作成する場合があります

　　企業は、この大量の文書の印刷を印刷会社に依頼しますが、そこに目をつけた調査官は、印刷会社からの納品書を見ることを考えます。納品書には、様々な種類の文書及びその印刷枚数の記載があります。

　　調査官は、全体の商流を押さえて、その流れの中で、当該種類の文書がどのように使われているか、当事者双方の認識等を調査して、課税庁なりの事実の認定と解釈をし、課税文書の要件に該当するか否かを判断します。

（2）調査官は、多様な文書類に関して、その文書のひな形を提出させることもあります

　　その上で、各々の文書の文言の検討をし、さらに、その文書を使う業務の流れを聞き、次いで、その業務の流れの中で、その文書をどのような目的で利用するのかなどを聞くこともあります。

　　例えば、単なるお礼のハガキでも、ハガキに、「入会金の支払い」という文言が記載されていれば、受取書として第17号文書に該当するのではないか、と考えるでしょう。

　　その上で、調査官は、会員組織への加入の募集、その後の勧誘、入会申し込み、入会金の入金、その後入会のお礼のハガキを出すに至る流れや、当事者の認識を聞き、その結果、入会金という売上代金に関する金銭を受領した事実を証明する第17号文書であるとの考えを固めることもあります。

（3）他社事例を応用することもあります

　ある企業が新しい法律の理解不足から、ある書類が課税文書になることに気づかず、大量の文書につき印紙税を納めてなかったことから、課税処分がなされた例がありました。そのような場合、その事例が、資料付きで全国の課税当局に伝えられるようです。

　それを受けて、各地の調査官が、同様の書類を扱う企業に対し、単独調査に入る例が現実にありました。この場合には、同じ事例で課税された前例がありますので、調査は厳しいものになります。

エピローグ

1　印紙税の専門家とはどういう人でしょうか？

　法律上は、弁護士が印紙税法の専門家になりうる存在です。しかし、実際には弁護士でも、印紙税法を使えない人がほとんどです。

　印紙税法を使えない弁護士は、印紙税法の専門家とはいえません。

　反対に、弁護士でなくても印紙税法を学び、印紙税法を使える人がいるとします。印紙税法を使えるとは、印紙税法という法律を理解して、自由に使えるだけではなく、印紙税法の実務をも知り、適切な実務対応ができることをいいます。

　これらの要素を身に付けた人は、弁護士資格を持っていてもいなくても、実質的には印紙税法の専門家だといえるでしょう。

　すなわち、誰もがこれらの要素を身に付ければ、印紙税法の専門家になれるといえます。

　ただし、実質的な印紙税法の専門家になっても、原則として、弁護士以外はそれを業務として報酬を得て行うことはできません。しかし、会社の従業員として、印紙税業務を担当することはできます。

2　印紙税の調査における専門家は誰か？

　社会の常識では、税務調査に関する専門家は、税理士だと思われています。その社会常識は正しいでしょうか。結論からいえば、その社会常識は明らかに間違いです。

　その間違いの根本原因は、「税務調査に関する専門家とは誰か」という基本的な考え方が浸透していないことにあります。

　社会常識では、次のように考えられています。

　「税務調査は税金の申告に関するものであるから、その申告を担当する専門家である税理士が、税務調査の専門家である。また、実際の税務調査に立ち会っているのも税理士である。だから、税務調査の専門家と言えば、税理士以外考えられない。」

現実は、この社会常識のとおりです。そして、税理士の中にも、その社会常識に合致した税務調査の専門家といえる人がいることも確かです。
　ところが、この社会常識は、とてもおかしいのです。というのは、税理士が税務調査の専門家であり、その専門家である税理士が税務調査に立ち会っているのであれば、納税者が税務調査を怖がることもないはずですし、税理士が、調査官へのお土産を示唆したり、納税者に修正申告することを予め提案することもないはずです。
　しかし、実際の例をみると、税理士が税務調査に立会っているにも関わらず、十分な対応ができていないケースが少なくないように思います。その結果、多くの納税者は税務調査を過剰に怖がっています。
　税務調査の専門家であれば、税務調査前に申告書を検討する段階で、修正申告についての提案をすることが望ましいのです。この提案により修正申告を行えば、過少申告加算税も、重加算税も課されないですむからです。この点は、税務調査の専門家であれば、当然知っていることです。
　ところが税務調査の現実は、事前通知がきた時から始まることがほとんどです。その結果、加算税を課される例が多いことをみても、税理士が果たして税務調査の専門家といえるのか、という疑問が残ります。
　この現実を踏まえると、税理士が税務調査の専門家である、という社会常識を認めるに至るためには、相当な課題が残されている気がしてなりません。

　では、本当の税務調査の専門家とはどのような方々のことをいうのでしょうか。

　税務調査は、2つの側面をもっています。
　1つ目は、税務調査という手続きに関する側面
　2つ目は、法人税などの申告内容という実体に関する側面
　手続きに関する側面と実体に関する側面の両面の根拠となるのは、租税に関する法律です。

したがって、手続き面でも、実体面でも、その根拠となる租税に関する法律を適切に使える人が、この両面を含む税務調査における専門家であり、法律家であるといえるでしょう。

さらに、法人税法、所得税法、相続税法などの申告では、税金計算の前提として、様々な経済行為が基礎にあります。そして、その経済行為を規律するのは、民法、会社法、労働法その他の多様な法律です。つまり、これらの法律を使える法律家である必要もあるといえます。

結論を言えば、税務調査における専門家とは、税務調査の手続き面、法人税など実体面、さらに、実体面の基礎になる民法・会社法などの法律を自由に使える法律の専門家のことです。

法律専門家でなくして、税務調査における専門家はいないのです。このような法律専門家像に近いのは、米国のタックスロイヤーでしょう。日本の現実として、率直に言えば、上記のような法律専門家は多くはいません。

タックスロイヤーに最も近いのは、税理士であるはずです。しかし残念ではありますが、税理士の現状は、タックスロイヤーにはほど遠いものです。日本でタックスロイヤーを育成するとすれば、次のような税理士と弁護士の協力関係の構築が必要になります。このような協力関係が構築できれば、タックスロイヤーに近い存在になりうると考えています。

「法律家的発想を身に付ける税理士」
↓
協力関係
↑
「税務実務及び実体法実務に詳しい弁護士」

次に、前記の税務調査における専門家の状況を視野に入れて、印紙税の税務調査における専門家は誰かを考えます。

現実を直視すれば、印紙税に関する専門家は不在です。

ⅰ）法律的にいえば、弁護士が印紙税に関する専門家になるべきです。
　ところが、印紙税を自分の職域と考える弁護士は皆無に近いため、現状では、弁護士は印紙税の専門家として期待できない存在です。
ⅱ）現実的には、税理士が印紙税の調査に立ち会うことが多く、納税者から印紙税の相談を受けることが多いのも税理士です。
　しかし、税理士で、専門家といえるまでの人は少ないと思われます。
　また、印紙税は、税理士法上、税理士の職務の範疇に含まれません。
ⅲ）納税者である企業にも、印紙税の専門家はほとんどいません。
　ただ、印紙税の単独調査を受けることの多い業界では、印紙税に詳しい人材がある程度育っているところもあるようです。

以上のことから、次のような課題が浮かび上がります。

「印紙税に関する専門家の不在をどのように解消するか」

ここで、税務調査における専門家の定義を思い出してください。
「税務調査における専門家とは、税務調査の手続き面、法人税など実体面、さらに、実体面の基礎になる民法・会社法などの法律を自由に使える法律の専門家のことです」

3　誰でも、印紙税の専門家になれる

この専門家の定義は、国家資格があるかどうかを問題にしていません。
むしろ、手続き面及び実体面とその基礎になる法律を自由に使える実力があるかどうかが決め手になっています。法律を自由に使える実力が重要なのであり、国家資格が重要なのではありません。
印紙税法などの法律を自由に使いこなせない弁護士は、弁護士という国家資格を持っていても、印紙税法に関していえば、専門家でも、法律家でもありません。
むしろ、企業の担当者として、印紙税法に関する実務の経験に基づき、

印紙税に関する法律を熟知し、自由に使える人であれば、印紙税法の領域における立派な専門家であり、法律家であるといえます。

以上のことを踏まえると、印紙税に関する専門家不在の解消策には、次のよう方策が考えられます。

4　弁護士にとっては、明るい未来を開くチャンス

　法律が、印紙税法という租税法に関する業務を税理士業務から除外し、弁護士に委ねたのは何故か、この点を考える必要があります。印紙税法の運用には、民法・商法などの知識が必要であり、多種多様な文書は、訴訟において証拠として扱うものです。この様な点を配慮して、法律は、印紙税法については、民商法など及び訴訟の実務に精通した弁護士の職務領域とすることが適切であると考えて弁護士の職域にしたと考えることが合理的であると思われます。

　この法律の趣旨からすれば、弁護士が印紙税法を学ぶことで、印紙税の専門家となることが最も望ましいでしょう。弁護士は民商法などに詳しく、法的な思考方法をマスターしている上に、文書の証拠としての利用法を知っているのですから、印紙税法をマスターしやすい位置にいます。その気になれば、弁護士が印紙税の専門家になるのは難しいことではありません。

　そして、印紙税の専門家不在の現状から、印紙税の専門家になった弁護士は、競争相手がいない職域で、貴重な存在、かつ、目立つ存在となります。これは、訴訟事件数の激減による弁護士業務の衰退の危機を乗り越える有力なチャンスになりうるものです。

　さらに、弁護士が印紙税に関する税務調査に詳しくなれば、印紙税の税務調査対応ができる専門家不在の現状からすれば、企業から多くの相談を受けることになります。それは、印紙税だけでなく、他の税法に関する税務調査への関与のチャンスを得ることにもつながります。

　以上のように、弁護士が印紙税法の専門家になることは、弁護士として

の明るい未来を手に入れることにつながる可能性が高いと思われます。

「少年よ、大志を抱け」

これは明るい未来を目指すべき少年に向けた、クラーク博士の言葉として有名ですが、明るい未来を築きたい弁護士に対して、私からも大きな声でエールを送りたいと思います。

「弁護士よ、他の人のやらないことをやれ」

5　税理士にとっては、差別化という大きなメリット

印紙税に関して、納税者は今後も、顧問税理士を頼りにするでしょう。しかし、頼りになる税理士は極めて少ないのが現状です。この「極めて少ない」という言葉に強く心を動かされる税理士の未来は明るいのです。

現在の税理士業界においては、他の税理士がやっていることと同じことをやるだけでは、厳しくなりつつある税理士賠償責任のリスクを背後に抱えながら、価格競争に巻き込まれるだけです。このようなスタンスの税理士の未来は明るいものとはいえません。

反対に、納税者が困っている領域で、他の税理士がやっていないことを実践すれば、競争相手がいないため、顧客の満足度や信頼感をより多く獲得することができます。これは、他の税理士との差別化につながり、その税理士の未来を明るくします。

現在の税理士業界で成長著しい税理士（法人）は、徹底した差別化を図っています。つまり、納税者が困っている領域なのに他の税理士がやっていない、「極めて少ない」ことに目を向けるという差別化の視点を持つことが、税理士が明るい未来を開く最大のポイントなのです。

印紙税に詳しい税理士は極めて稀ですから、印紙税に詳しくなれば、大きな意味での差別化が図れるでしょう。印紙税に詳しくなることは、直接的な経済的利益をもたらすものではないかも知れませんが、サービスの差

別化は十分に図ることが可能となります。

　このようなサービスの差別化を利用して、その他大勢の税理士よりも高い顧問料の顧問先の開拓をしている税理士法人も実際にあります。差別化されたサービスがあるからこそ、その優位性を営業戦略に活かすことができるのです。

　これは他の士業にも共通するのですが、税理士業界は、「差別化」に敏感な人が極めて少ないという特徴があります。この悪しき特徴が、同種業務の価格競争をもたらし、その結果、業界全体の衰退の原因にもなっているのです。このような業界だからこそ、他の税理士のやらないことに焦点を当て、業務の差別化を図ることに取り組んでいただきたいと思います。

　ここでも、明るい未来を築きたい税理士に大声でエールを送ります。
「税理士よ、他の人のやらないことをやれ」

6　会社員、学生、主婦、転職などにも、大きなメリット

　印紙税の専門家であるかどうかは、本来は、国家資格の有無と関係なく、実力があるかどうかによって決まります。

　この前提に立つと、会社員でも、学生でも、主婦でも、転職を希望する人であっても、印紙税法をマスターすれば、印紙税の専門家になることができます。しかも、印紙税と一緒に、あわせて法的思考方法をマスターすれば、他の法律の専門家への道も開けます。法的思考方法は、すべての法律に共通の技術だからです。印紙税は構造的には単純な側面があるので、この法的思考法をマスターするには、便利な法律領域なのです。

　印紙税をマスターするには、印紙税の実務の特徴を理解する必要があります。印紙税法は、裁判例がほとんどないという意味で、特殊な領域の租税法です。このことは、印紙税では、法律解釈よりも、法律の運用という実務の理解が重要になることを意味します。すなわち、調査官という行政官の運用実務に精通する必要があるのです。

　日本の社会では、行政による運用を熟知し、それに適切に対応できることが、実務的な能力の目安になる場合もあります。印紙税実務は、他の租

税に比べて極端なほど、実務の運用を重視する傾向がありますので、印紙税に詳しくなればなるほど、他の法律領域における実務を容易に理解できるようになります。

ただし、法律領域によって運用の比重に軽重の差異がありますので、その点には注意が必要です。

このような観点から、次のような指摘ができるでしょう。

ある程度の規模の企業で働いている方が印紙税に詳しくなれば、そのような人材が稀なだけに、会社からみて手放せない人材となるでしょう。また、印紙税に詳しくなることは、民商法の面で実力を付けることにもつながりますから、法務担当として有為な人材になる道が開ける可能性もあります。

印紙税に詳しくなることは、法的思考力を身に付けることにつながります。この法的思考法という技術を身に付ける効用には、非常に大きなものがあります。この技術は、裁判で使うばかりではなく、裁判以前の経営判断の段階で使うこともできますし、実はその段階で使う方が、実用的価値が高いのです。

その理由は、法的思考方法とはすなわち、解釈・事実認定・結論の三段論法を使うことですが、この技術を勝つために使うという発想の転換ができれば、必然的に勝つことができるからです。

ぜひ印紙税に詳しくなり、その過程で法的思考法という技術を身に付けてください。その技術を「勝つために使う」という発想の転換ができれば、必然的に、あなたの未来は明るいものとなるでしょう。

平成29年4月

鳥飼重和

巻末資料

- 印紙税法（抜粋） ……………………………………… 184
- 印紙税法施行令（抜粋） ………………………………… 204
- 印紙税法基本通達（抜粋） ……………………………… 205
- その他の法律 ……………………………………………… 219

印紙税法（昭和四十二年五月三十一日法律第二十三号）

最終改正：令和五年五月一九日法律第三一号

（抜粋）
◆法２条（課税物件）
　別表第一の課税物件の欄に掲げる文書には、この法律により、印紙税を課する。

◆法３条（納税義務者）
1　別表第一の課税物件の欄に掲げる文書のうち、第五条の規定により印紙税を課さないものとされる文書以外の文書（以下「課税文書」という。）の作成者は、その作成した課税文書につき、印紙税を納める義務がある。
2　一の課税文書を二以上の者が共同して作成した場合には、当該二以上の者は、その作成した課税文書につき、連帯して印紙税を納める義務がある。

◆法５条（非課税文書）
　別表第一の課税物件の欄に掲げる文書のうち、次に掲げるものには、印紙税を課さない。
　一　別表第一の非課税物件の欄に掲げる文書
　二　国、地方公共団体又は別表第二に掲げる者が作成した文書
　三　別表第三の上欄に掲げる文書で、同表の下欄に掲げる者が作成したもの

◆法６条（納税地）
　印紙税の納税地は、次の各号に掲げる課税文書の区分に応じ、当該各号に掲げる場所とする。
　一　第十一条第一項又は第十二条第一項の承認に係る課税文書　これらの承認をした税務署長の所属する税務署の管轄区域内の場所
　二　第九条第一項の請求に係る課税文書　当該請求を受けた税務署長の所属する税務署の管轄区域内の場所
　三　第十条第一項に規定する印紙税納付計器により、印紙税に相当する金額を表示して同項に規定する納付印を押す課税文書　当該印紙税納付計器の設置場所
　四　前三号に掲げる課税文書以外の課税文書で、当該課税文書にその作成場所が明らかにされているもの　当該作成場所
　五　第一号から第三号までに掲げる課税文書以外の課税文書で、当該課税文書にその作成場所が明らかにされていないもの　政令で定める場所

◆法　別表第一　課税物件表（第二条～第五条、第七条、第十一条、第十二条関係）
課税物件表の適用に関する通則
　一　この表における文書の所属の決定は、この表の各号の規定による。この場合において、当該各号の規定により所属を決定することができないときは、二及び三に定めるところによる。
　二　一の文書でこの表の二以上の号に掲げる文書により証されるべき事項又はこの表の一若しくは二以上の号に掲げる文書により証されるべき事項とその他の事項とが併記され、又は混合して記載されているものその他一の文書でこれに記載されている事項がこの表の二以上の号に掲げる文書により証されるべき事項に該当するものは、当該各号に掲げる文書に該当する文書とする。
　三　一の文書が二の規定によりこの表の各号のうち二以上の号に掲げる文書に該当することとなる場合には、次に定めるところによりその所属を決定する。
　　イ　第一号又は第二号に掲げる文書と第三号

から第十七号までに掲げる文書とに該当する文書は、第一号又は第二号に掲げる文書とする。ただし、第一号又は第二号に掲げる文書で契約金額の記載のないものと第七号に掲げる文書とに該当する文書は、同号に掲げる文書とし、第一号又は第二号に掲げる文書と第十七号に掲げる文書とに該当する文書のうち、当該文書に売上代金（同号の定義の欄一に規定する売上代金をいう。以下この通則において同じ。）に係る受取金額（百万円を超えるものに限る。）の記載があるもので、当該受取金額が当該文書に記載された契約金額（当該金額が二以上ある場合には、その合計額）を超えるもの又は契約金額の記載のないものは、同号に掲げる文書とする。

ロ　第一号に掲げる文書と第二号に掲げる文書とに該当する文書は、第一号に掲げる文書とする。ただし、当該文書に契約金額の記載があり、かつ、当該契約金額を第一号及び第二号に掲げる文書のそれぞれにより証されるべき事項ごとに区分することができる場合において、第一号に掲げる文書により証されるべき事項に係る金額として記載されている契約金額（当該金額が二以上ある場合には、その合計。以下このロにおいて同じ。）が第二号に掲げる文書により証されるべき事項に係る金額として記載されている契約金額に満たないときは、同号に掲げる文書とする。

ハ　第三号から第十七号までに掲げる文書のうち二以上の号に掲げる文書に該当する文書は、当該二以上の号のうち最も号数の少ない号に掲げる文書とする。ただし、当該文書に売上代金に係る受取金額（百万円を超えるものに限る。）の記載があるときは、第十七号に掲げる文書とする。

ニ　ホに規定する場合を除くほか、第十八号から第二十号までに掲げる文書と第一号から第十七号までに掲げる文書とに該当する文書は、第十八号から第二十号までに掲げる文書とする。

ホ　第十九号若しくは第二十号に掲げる文書と第一号に掲げる文書とに該当する文書で同号に掲げる文書に係る記載された契約金額が十万円を超えるもの、第十九号若しくは第二十号に掲げる文書と第二号に掲げる文書とに該当する文書で同号に掲げる文書に係る記載された契約金額が百万円を超えるもの又は第十九号若しくは第二十号に掲げる文書と第十七号に掲げる文書とに該当する文書で同号に掲げる文書に係る記載された売上代金に係る受取金額が百万円を超えるものは、それぞれ、第一号、第二号又は第十七号に掲げる文書とする。

四　この表の課税標準及び税率の欄の税率又は非課税物件の欄の金額が契約金額、券面金額その他当該文書により証されるべき事項に係る金額（以下この四において「契約金額等」という。）として当該文書に記載された金額（以下この四において「記載金額」という。）を基礎として定められている場合における当該金額の計算については、次に定めるところによる。

イ　当該文書に二以上の記載金額があり、かつ、これらの金額が同一の号に該当する文書により証されるべき事項に係るものである場合には、これらの金額の合計額を当該文書の記載金額とする。

ロ　当該文書が二の規定によりこの表の二以上の号に該当する文書である場合には、次に定めるところによる。

(1) 当該文書の記載金額を当該二以上の号のそれぞれに掲げる文書により証されるべき事項ごとに区分することができるときは、当該文書が三の規定によりこの表のいずれの号に掲げる文書に所属することとなるかに応じ、その所属する号に掲げる文書により証されるべき事項に係る金額を当該文書の記載金額とする。

(2) 当該文書の記載金額を当該二以上の号のそれぞれに掲げる文書により証されるべき事項ごとに区分することができないときは、当該金額（当該金額のうちに、当該文書が三の規定によりこの表のいずれかの号に所属することとなる場合における当該所属する号に掲げる文書により証されるべき事項に係る金額以外の金額として明らかにされている部分があるときは、当該明らかにされている部分の金額を除く。）を当該文書の記載金額とする。

ハ 当該文書が第十七号に掲げる文書（三の規定により同号に掲げる文書となるものを含む。）のうち同号の物件名の欄一に掲げる受取書である場合には、税率の適用に関しては、イ又はロの規定にかかわらず、次に定めるところによる。

(1) 当該受取書の記載金額が売上代金に係る金額とその他の金額に区分することができるときは、売上代金に係る金額を当該受取書の記載金額とする。

(2) 当該受取書の記載金額を売上代金に係る金額とその他の金額に区分することができないときは、当該記載金額（当該金額のうちに売上代金に係る金額以外の金額として明らかにされている部分があるときは、当該明らかにされている部分の金額を除く。）を当該受取書の記載金額とする。

ニ 契約金額等の変更の事実を証すべき文書について、当該文書に係る契約についての変更前の契約金額等の記載のある文書が作成されていることが明らかであり、かつ、変更の事実を証すべき文書により変更金額（変更前の契約金額等と変更後の契約金額等の差額に相当する金額をいう。以下同じ。）が記載されている場合（変更前の契約金額等と変更後の契約金額等が記載されていることにより変更金額を明らかにすることができる場合を含む。）には、当該変更金額が変更前の契約金額等を増加させるものであるときは、当該変更金額を当該文書の記載金額とし、当該変更金額が変更前の契約金額等を減少させるものであるときは、当該文書の記載金額の記載はないものとする。

ホ 次の（1）から（3）までの規定に該当する文書の記載金額については、それぞれ（1）から（3）までに定めるところによる。

(1) 当該文書に記載されている単価及び数量、記号その他によりその契約金額等の計算をすることができるときは、その計算により算出した金額を当該文書の記載金額とする。

(2) 第一号又は第二号に掲げる文書に当該文書に係る契約についての契約金額又は単価、数量、記号その他の記載のある見積書、注文書その他これらに類する文書（この表に掲げる文書を除く。）の名称、発行の日、記号、番号その他の記載があることにより、当事者間において当該契約についての契約金額が

明らかであるとき又は当該契約についての契約金額の計算をすることができるときは、当該明らかである契約金額又は当該計算により算出した契約金額を当該第一号又は第二号に掲げる文書の記載金額とする。

(3) 第十七号に掲げる文書のうち売上代金として受け取る有価証券の受取書に当該有価証券の発行者の名称、発行の日、記号、番号その他の記載があること、又は同号に掲げる文書のうち売上代金として受け取る金銭若しくは有価証券の受取書に当該売上代金に係る受取金額の記載のある支払通知書、請求書その他これらに類する文書の名称、発行の日、記号、番号その他の記載があることにより、当事者間において当該売上代金に係る受取金額が明らかであるときは、当該明らかである受取金額を当該受取書の記載金額とする。

ヘ　当該文書の記載金額が外国通貨により表示されている場合には、当該文書を作成した日における外国為替及び外国貿易法（昭和二十四年法律第二百二十八号）第七条第一項（外国為替相場）の規定により財務大臣が定めた基準外国為替相場又は裁定外国為替相場により当該記載金額を本邦通貨に換算した金額を当該文書についての記載金額とする。

五　この表の第一号、第二号、第七号及び第十二号から第十五号までにおいて「契約書」とは、契約証書、協定書、約定書その他名称のいかんを問わず、契約（その予約を含む。以下同じ。）の成立若しくは更改又は契約の内容の変更若しくは補充の事実（以下「契約の成立等」という。）を証すべき文書をいい、念書、請書その他契約の当事者の一方のみが作成する文書又は契約の当事者の全部若しくは一部の署名を欠く文書で、当事者間の了解又は商慣習に基づき契約の成立等を証することとされているものを含むものとする。

六　一から五までに規定するもののほか、この表の規定の適用に関し必要な事項は、政令で定める。

番号	課税物件	
	物件名	定義
一	1　不動産、鉱業権、無体財産権、船舶若しくは航空機又は営業の譲渡に関する契約書 2　地上権又は土地の賃借権の設定又は譲渡に関する契約書 3　消費貸借に関する契約書 4　運送に関する契約書（用船契約書を含む。）	1　不動産には、法律の規定により不動産とみなされるもののほか、鉄道財団、軌道財団及び自動車交通事業財団を含むものとする。 2　無体財産権とは、特許権、実用新案権、商標権、意匠権、回路配置利用権、育成者権、商号及び著作権をいう。 3　運送に関する契約書には、乗車券、乗船券、航空券及び運送状を含まないものとする。 4　用船契約書には、航空機の用船契約書を含むものとし、裸用船契約書を含まないものとする。
二	請負に関する契約書	1　請負には、職業野球選手、映画の俳優その他これらに類する者で政令で定めるものの役務の提供を約することを内容とする契約を含むものとする。

課税標準及び税率	非課税物件
1　契約金額の記載のある契約書　次に掲げる契約金額の区分に応じ、1通につき、次に掲げる税率とする。 　　10万円以下のもの　　　　　　　　　　　　200円 　　10万円を超え50万円以下のもの　　　　　400円 　　50万円を超え100万円以下のもの　　　　1千円 　　100万円を超え500万円以下のもの　　　2千円 　　500万円を超え1千万円以下のもの　　　1万円 　　1千万円を超え5千万円以下のもの　　　2万円 　　5千万円を超え1億円以下のもの　　　　6万円 　　1億円を超え5億円以下のもの　　　　　10万円 　　5億円を超え10億円以下のもの　　　　20万円 　　10億円を超え50億円以下のもの　　　　40万円 　　50億円を超えるもの　　　　　　　　　　60万円 2　契約金額の記載のない契約書 　　1通につき　　　　　　　　　　　　　　　200円	1　契約金額の記載のある契約書（課税物件表の適用に関する通則3イの規定が適用されることによりこの号に掲げる文書となるものを除く。）のうち、当該契約金額が1万円未満のもの
1　契約金額の記載のある契約書　次に掲げる契約金額の区分に応じ、1通につき、次に掲げる税率とする。 　　100万円以下のもの　　　　　　　　　　　200円 　　100万円を超え200万円以下のもの　　　400円 　　200万円を超え300万円以下のもの　　　1千円 　　300万円を超え500万円以下のもの　　　2千円 　　500万円を超え1千万円以下のもの　　　1万円 　　1千万円を超え5千万円以下のもの　　　2万円 　　5千万円を超え1億円以下のもの　　　　6万円 　　1億円を超え5億円以下のもの　　　　　10万円 　　5億円を超え10億円以下のもの　　　　20万円 　　10億円を超え50億円以下のもの　　　　40万円 　　50億円を超えるもの　　　　　　　　　　60万円 2　契約金額の記載のない契約書 　　1通につき　　　　　　　　　　　　　　　200円	1　契約金額の記載のある契約書（課税物件表の適用に関する通則3イの規定が適用されることによりこの号に掲げる文書となるものを除く。）のうち、当該契約金額が1万円未満のもの

番号	課税物件	
	物件名	定義
三	約束手形又は為替手形	

課税標準及び税率	非課税物件
1　2に掲げる手形以外の手形　次に掲げる手形金額の区分に応じ、一通につき、次に掲げる税率とする。 　　100万円以下のもの　　　　　　　　　200円 　　100万円を超え200万円以下のもの　　400円 　　200万円を超え300万円以下のもの　　600円 　　300万円を超え500万円以下のもの　　1千円 　　500万円を超え1千万円以下のもの　　2千円 　　1千万円を超え2千万円以下のもの　　4千円 　　2千万円を超え3千万円以下のもの　　6千円 　　3千万円を超え5千万円以下のもの　　1万円 　　5千万円を超え1億円以下のもの　　　2万円 　　1億円を超え2億円以下のもの　　　　4万円 　　2億円を超え3億円以下のもの　　　　6万円 　　3億円を超え5億円以下のもの　　　　10万円 　　5億円を超え10億円以下のもの　　　15万円 　　10億円を超えるもの　　　　　　　　20万円 2　次に掲げる手形一通につき　　　　　　200円 　イ　一覧払の手形（手形法（昭和七年法律第二十号）第三十四条第二項（一覧払の 　　為替手形の呈示開始期日の定め）（同法第七十七条第一項第二号（約束手形への準用）において準用する場合を含む。）の定めをするものを除く。） 　ロ　日本銀行又は銀行その他政令で定める金融機関を振出人及び受取人とする手形（振出人である銀行その他当該政令で定める金融機関を受取人とするものを除く。） 　ハ　外国通貨により手形金額が表示される手形 　ニ　外国為替及び外国貿易法第六条第一項第六号（定義）に規定する非居住者の本邦にある同法第十六条の二（支払等の制限）に規定する銀行等（以下この号において「銀行等」という。）に対する本邦通貨をもつて表示される勘定を通ずる方法により決済される手形で政令で定めるもの 　ホ　本邦から貨物を輸出し又は本邦に貨物を輸入する外国為替及び外国貿易法第六条第一項第五号（定義）に規定する居住者が本邦にある銀行等を支払人として振り出す本邦通貨により手形金額が表示される手形で政令で定めるもの 　ヘ　ホに掲げる手形及び外国の法令に準拠して外国において銀行業を営む者が本邦にある銀行等を支払人として振り出した本邦通貨により手形金額が表示される手形で政令で定めるものを担保として、銀行等が自己を支払人として振り出す本邦通貨により手形金額が表示される手形で政令で定めるもの	1　手形金額が10万円未満の手形 2　手形金額の記載のない手形 3　手形の複本又は謄本

番号	課税物件	
	物件名	定義
四	株券、出資証券若しくは社債券又は投資信託、貸付信託若しくは特定目的信託の受益証券	1　出資証券とは、相互会社（保険業法（平成七年法律第百五号）第二条第五項（定義）に規定する相互会社をいう。以下同じ。）の作成する基金証券及び法人の社員又は出資者たる地位を証する文書（投資信託及び投資法人に関する法律（昭和二十六年法律第百九十八号）に規定する投資証券を含む。）をいう。 2　社債券には、特別の法律により法人の発行する債券及び相互会社の社債券を含むものとする。
五	合併契約書又は吸収分割契約書若しくは新設分割計画書	1　合併契約書とは、会社法（平成十七年法律第八十六号）第七百四十八条（合併契約の締結）に規定する合併契約（保険業法第百五十九条第一項（相互会社と株式会社の合併）に規定する合併契約を含む。）を証する文書（当該合併契約の変更又は補充の事実を証するものを含む。）をいう。 2　吸収分割契約書とは、会社法第七百五十七条（吸収分割契約の締結）に規定する吸収分割契約を証する文書（当該吸収分割契約の変更又は補充の事実を証するものを含む。）をいう。 3　新設分割計画書とは、会社法第七百六十二条第一項（新設分割計画の作成）に規定する新設分割計画を証する文書（当該新設分割計画の変更又は補充の事実を証するものを含む。）をいう。

課税標準及び税率	非課税物件
次に掲げる券面金額（券面金額の記載のない証券で株数又は口数の記載のあるものにあつては、一株又は一口につき政令で定める金額に当該株数又は口数を乗じて計算した金額）の区分に応じ、一通につき、次に掲げる税率とする。 　　500万円以下のもの　　　　　　　　　200円 　　500万円を超え1千万円以下のもの　　1千円 　　1千万円を超え5千万円以下のもの　　2千円 　　5千万円を超え1億円以下のもの　　　1万円 　　1億円を超えるもの　　　　　　　　　2万円	1　日本銀行その他特別の法律により設立された法人で政令で定めるものの作成する出資証券（協同組織金融機関の優先出資に関する法律（平成五年法律第四十四号）に規定する優先出資証券を除く。） 2　受益権を他の投資信託の受託者に取得させることを目的とする投資信託の受益証券で政令で定めるもの
1通につき　　　　　　　　　　　　　　　4万円	

番号	課税物件	
	物件名	定義
六	定款	1　定款は、会社（相互会社を含む。）の設立のときに作成される定款の原本に限るものとする。
七	継続的取引の基本となる契約書（契約期間の記載のあるもののうち、当該契約期間が三月以内であり、かつ、更新に関する定めのないものを除く。）	1　継続的取引の基本となる契約書とは、特約店契約書、代理店契約書、銀行取引約定書その他の契約書で、特定の相手方との間に継続的に生ずる取引の基本となるもののうち、政令で定めるものをいう。
八	預貯金証書	
九	貨物引換証、倉庫証券又は船荷証券	1　貨物引換証又は船荷証券には、商法（明治三十二年法律第四十八号）第五百七十一条第二項（貨物引換証）の記載事項又は同法第七百六十九条（船荷証券）若しくは国際海上物品運送法（昭和三十二年法律第百七十二号）第七条（船荷証券）の記載事項の一部を欠く証書で、これらの証券と類似の効用を有するものを含むものとする。 2　倉庫証券には、預証券、質入証券及び倉荷証券のほか、商法第五百九十九条（預証券等）の記載事項の一部を欠く証書で、これらの証券と類似の効用を有するものを含むものとし、農業倉庫証券及び連合農業倉庫証券を含まないものとする。

課税標準及び税率		非課税物件
1通につき	4万円	1　株式会社又は相互会社の定款のうち、公証人法第六十二条ノ三第三項（定款の認証手続）の規定により公証人の保存するもの以外のもの
1通につき	4千円	
1通につき	200円	1　信用金庫その他政令で定める金融機関の作成する預貯金証書で、記載された預入額が1万円未満のもの
1通につき	200円	1　船荷証券の謄本

番号	課税物件	
	物件名	定義
十	保険証券	1　保険証券とは、保険証券その他名称のいかんを問わず、保険法（平成二十年法律第五十六号）第六条第一項（損害保険契約の締結時の書面交付）、第四十条第一項（生命保険契約の締結時の書面交付）又は第六十九条第一項（傷害疾病定額保険契約の締結時の書面交付）その他の法令の規定により、保険契約に係る保険者が当該保険契約を締結したときに当該保険契約に係る保険契約者に対して交付する書面（当該保険契約者からの再交付の請求により交付するものを含み、保険業法第三条第五項第三号（免許）に掲げる保険に係る保険契約その他政令で定める保険契約に係るものを除く。）をいう。
十一	信用状	
十二	信託行為に関する契約書	1　信託行為に関する契約書には、信託証書を含むものとする。

課税標準及び税率	非課税物件
1通につき　　　200円	
1通につき　　　200円	
1通につき　　　200円	

番号	課税物件 物件名	定義
十三	債務の保証に関する契約書(主たる債務の契約書に併記するものを除く。)	
十四	金銭又は有価証券の寄託に関する契約書	
十五	債権譲渡又は債務引受けに関する契約書	
十六	配当金領収証又は配当金振込通知書	1　配当金領収証とは、配当金領収書その他名称のいかんを問わず、配当金の支払を受ける権利を表彰する証書又は配当金の受領の事実が証するための証書をいう。 2　配当金振込通知書とは、配当金振込票その他名称のいかんを問わず、配当金が銀行その他の金融機関にある株主の預貯金口座その他の勘定に振込済みである旨を株主に通知する文書をいう。

課税標準及び税率		非課税物件
1通につき	200円	1　身元保証ニ関スル法律（昭和八年法律第四十二号）に定める身元保証に関する契約書
1通につき	200円	
1通につき	200円	1　契約金額の記載のある契約書のうち、当該契約金額が1万円未満のもの
1通につき	200円	1　記載された配当金額が3千円未満の証書又は文書

番号	課税物件	
	物件名	定義
十七	1　売上代金に係る金銭又は有価証券の受取書 2　金銭又は有価証券の受取書で1に掲げる受取書以外のもの	1　売上代金に係る金銭又は有価証券の受取書とは、資産を譲渡し若しくは使用させること（当該資産に係る権利を設定することを含む。）又は役務を提供することによる対価（手付けを含み、金融商品取引法（昭和二十三年法律第二十五号）第二条第一項（定義）に規定する有価証券その他これに準ずるもので政令で定めるものの譲渡の対価、保険料その他政令で定めるものを除く。以下「売上代金」という。）として受け取る金銭又は有価証券の受取書をいい、次に掲げる受取書を含むものとする。 イ　当該受取書に記載されている受取金額の一部に売上代金が含まれている金銭又は有価証券の受取書及び当該受取金額の全部又は一部が売上代金であるかどうかが当該受取書の記載事項により明らかにされていない金銭又は有価証券の受取書 ロ　他人の事務の委託を受けた者（以下この欄において「受託者」という。）が当該委託をした者（以下この欄において「委託者」という。）に代わつて売上代金を受け取る場合に作成する金銭又は有価証券の受取書（銀行その他の金融機関が作成する預貯金口座への振込金の受取書その他これに類するもので政令で定めるものを除く。ニにおいて同じ。） ハ　受託者が委託者に代わつて受け取る売上代金の全部又は一部に相当する金額を委託者が受託者から受け取る場合に作成する金銭又は有価証券の受取書 ニ　受託者が委託者に代わつて支払う売上代金の全部又は一部に相当する金額を委託者から受け取る場合に作成する金銭又は有価証券の受取書

課税標準及び税率	非課税物件
1　売上代金に係る金銭又は有価証券の受取書で受取金額の記載のあるもの　次に掲げる受取金額の区分に応じ、一通につき、次に掲げる税率とする。 　　100万円以下のもの　　　　　　　　　　200円 　　100万円を超え200万円以下のもの　　400円 　　200万円を超え300万円以下のもの　　600円 　　300万円を超え500万円以下のもの　　1千円 　　500万円を超え1千万円以下のもの　　2千円 　　1千万円を超え2千万円以下のもの　　4千円 　　2千万円を超え3千万円以下のもの　　6千円 　　3千万円を超え5千万円以下のもの　　1万円 　　5千万円を超え1億円以下のもの　　　2万円 　　1億円を超え2億円以下のもの　　　　4万円 　　2億円を超え3億円以下のもの　　　　6万円 　　3億円を超え5億円以下のもの　　　　10万円 　　5億円を超え10億円以下のもの　　　15万円 　　10億円を超えるもの　　　　　　　　20万円 2　1に掲げる受取書以外の受取書 　　1通につき　　　　　　　　　　　　　200円	1　記載された受取金額が5万円未満の受取書 2　営業（会社以外の法人で、法令の規定又は定款の定めにより利益金又は剰余金の配当又は分配をすることができることとなつているものが、その出資者以外の者に対して行う事業を含み、当該出資者がその出資をした法人に対して行う営業を除く。）に関しない受取書 3　有価証券又は第八号、第十二号、第十四号若しくは前号に掲げる文書に追記した受取書

番号	課税物件 物件名	定義
十八	預貯金通帳、信託行為に関する通帳、銀行若しくは無尽会社の作成する掛金通帳生命保険会社の作成する保険料通帳又は生命共済の掛金通帳	1　生命共済の掛金通帳とは、農業協同組合その他の法人が生命共済に係る契約に関し作成する掛金通帳で、政令で定めるものをいう。
十九	第一号、第二号、第十四号又は第十七号に掲げる文書により証されるべき事項を付け込んで証明する目的をもつて作成する通帳（前号に掲げる通帳を除く。）	
二十	判取帳	1　判取帳とは、第一号、第二号、第十四号又は第十七号に掲げる文書により証されるべき事項につき二以上の相手方から付込証明を受ける目的をもつて作成する帳簿をいう。

課税標準及び税率	非課税物件
一冊につき 200円	1 信用金庫その他政令で定める金融機関の作成する預貯金通帳 2 所得税法第九条第一項第二号（非課税所得）に規定する預貯金に係る預貯金通帳その他政令で定める普通預金通帳
一冊につき 400円	
一冊につき 4千円	

印紙税法施行令（昭和四十二年五月三十一日政令第百八号）

最終改正：令和四年三月三一日政令第一四六号

(抜粋)

◆令4条（納税地）

1 法第六条第五号に掲げる政令で定める場所は、同号の課税文書の次の各号に掲げる区分に応じ、当該各号に掲げる場所とする。
　一　その作成者の事業に係る事務所、事業所その他これらに準ずるものの所在地が記載されている課税文書　当該所在地
　二　その他の課税文書　当該課税文書の作成の時における作成者の住所
　　（住所がない場合には、居所。以下同じ。）
2 二以上の者が共同して作成した課税文書に係る法第六条第五号に掲げる政令で定める場所は、前項の規定にかかわらず、当該課税文書の次の各号に掲げる区分に応じ、当該各号に掲げる場所とする。
　一　その作成者が所持している課税文書　当該所持している場所
　二　その作成者以外の者が所持している課税文書　当該作成者のうち当該課税文書に最も先に記載されている者のみが当該課税文書を作成したものとした場合の前項各号に掲げる場所

◆令21条（その役務の提供を約することを内容とする契約が請負となる者の範囲）

1 法別表第一第二号の定義の欄に規定する政令で定める者は、次に掲げる者とする。
　一　プロボクサー
　二　プロレスラー
　三　演劇の俳優
　四　音楽家
　五　舞踊家
　六　映画又は演劇の監督、演出家又はプロジューサー
　七　テレビジョン放送の演技者、演出家又はプロジューサー
2 法別表第一第二号の定義の欄に規定する契約は、職業野球の選手、映画の俳優又は前項に掲げる者のこれらの者としての役務の提供を約することを内容とする契約に限るものとする。

◆令26条（継続的取引の基本となる契約書の範囲）第1号

法別表第一第七号の定義の欄に規定する政令で定める契約書は、次に掲げる契約書とする。
　一　特約店契約書その他名称のいかんを問わず、営業者（法別表第一第十七号の非課税物件の欄に規定する営業を行う者をいう。）の間において、売買、売買の委託、運送、運送取扱い又は請負に関する二以上の取引を継続して行うため作成される契約書で、当該二以上の取引に共通して適用される取引条件のうち目的物の種類、取扱数量、単価、対価の支払方法、債務不履行の場合の損害賠償の方法又は再販売価格を定めるもの（電気又はガスの供給に関するものを除く。）

印紙税法基本通達

昭和52年4月7日

間消 1-36（例規）
官会 1-31
徴管 1-7
徴徴 1-11

令4課消 4-24

（抜粋）

◆基通2条（課税文書の意義）

　法に規定する「課税文書」とは、課税物件表の課税物件欄に掲げる文書により証されるべき事項（以下「課税事項」という。）が記載され、かつ、当事者の間において課税事項を証明する目的で作成された文書のうち、法第5条《非課税文書》の規定により印紙税を課さないこととされる文書以外の文書をいう。

◆基通3条（課税文書に該当するかどうかの判断）

1　文書が課税文書に該当するかどうかは、文書の全体を一つとして判断するのみでなく、その文書に記載されている個々の内容についても判断するものとし、また、単に文書の名称又は呼称及び形式的な記載文言によることなく、その記載文言の実質的な意義に基づいて判断するものとする。
2　前項における記載文言の実質的な意義の判断は、その文言に記載又は表示されている文言、符号を基として、その文言、符号等を用いることについての関係法律の規定、当事者間における了解、基本契約又は慣習等を加味し、総合的に行うものとする。

◆基通10条（通則2の適用範囲）

　通則2の規定は、一の文書で次に該当するものについて適用されるのであるから留意する。（平元間消3－15改正）

(1) 当該文書に課税物件表の2以上の号の課税事項が併記され、又は混合して記載されているもの
　（例）　不動産及び債権売買契約書
　　　　　　　　　　　（第1号文書と第15号文書）
(2) 当該文書に課税物件表の1又は2以上の号の課税事項とその他の事項が併記され、又は混合して記載されているもの
　（例）
　1　土地売買及び建物移転補償契約書
　　　　　　　　　　　　　　（第1号文書）
　2　保証契約のある消費貸借契約書
　　　　　　　　　　　　　　（第1号文書）
(3) 当該文書に記載されている一の内容を有する事項が、課税物件表の2以上の号の課税事項に同時に該当するもの
　（例）　継続する請負についての基本的な事項を定めた契約書
　　　　　　　　　　　（第2号文書と第7号文書）

◆基通11条（2以上の号に掲げる文書に該当する場合の所属の決定）

1　一の文書が、課税物件表の2以上の号に掲げる文書に該当する場合の当該文書の所属の決定は、通則3の規定により、次の区分に応じ、それぞれ次に掲げるところによる。（平元間消3－15改正）

(1) 課税物件表の第1号に掲げる文書と同表第3号から第17号までに掲げる文書とに該当する文書（ただし、(3)又は(4)に該当する文書を除く。）　　第1号文書
　（例）　不動産及び債権売買契約書

（第1号文書と第15号文書）　第1号文書
(2) 課税物件表の第2号に掲げる文書と同表第3号から第17号までに掲げる文書とに該当する文書（ただし、(3)又は(4)に該当する文書を除く。）　　　第2号文書
　　（例）工事請負及びその工事の手付金の受取事実を記載した契約書
　　　（第2号文書と第17号文書）第2号文書
(3) 課税物件表の第1号又は第2号に掲げる文書で契約金額の記載のないものと同表第7号に掲げる文書とに該当する文書
　　　　　　　　　　　　　　　第7号文書
　　（例）
　　1　継続する物品運送についての基本的な事項を定めた記載金額のない契約書
　　　（第1号文書と第7号文書）　第7号文書
　　2　継続する請負についての基本的な事項を定めた記載金額のない契約書
　　　（第2号文書と第7号文書）　第7号文書
(4) 課税物件表の第1号又は第2号に掲げる文書と同表第17号に掲げる文書とに該当する文書のうち、売上代金に係る受取金額（100万円を超えるものに限る。）の記載があるものでその金額が同表第1号若しくは第2号に掲げる文書に係る契約金額（当該金額が2以上ある場合には、その合計額）を超えるもの又は同表第1号若しくは第2号に掲げる文書に係る契約金額の記載のないもの　　　　　　　　　第17号の1文書
　　（例）
　　1　売掛金800万円のうち600万円を領収し、残額200万円を消費貸借の目的とすると記載された文書（第1号文書と第17号の1文書）　　　第17号の1文書
　　2　工事請負単価を定めるとともに180万円の手付金の受取事実を記載した文書
　　　（第2号文書と第17号の1文書）
　　　　　　　　　　　　　　第17号の1文書
(5) 課税物件表の第1号に掲げる文書と同表第2号に掲げる文書とに該当する文書（ただし、(6)に該当する文書を除く。）
　　　　　　　　　　　　　　　　第1号文書
　　（例）
　　1　機械製作及びその機械の運送契約書
　　　（第1号文書と第2号文書）　第1号文書
　　2　請負及びその代金の消費貸借契約書
　　　（第1号文書と第2号文書）　第1号文書
(6) 課税物件表の第1号に掲げる文書と同表第2号に掲げる文書とに該当する文書で、それぞれの課税事項ごとの契約金額を区分することができ、かつ、同表第2号に掲げる文書についての契約金額が第1号に掲げる文書についての契約金額を超えるもの
　　　　　　　　　　　　　　　　第2号文書
　　（例）
　　1　機械の製作費20万円及びその機械の運送料10万円と記載された契約書
　　　（第1号文書と第2号文書）　第2号文書
　　2　請負代金100万円、うち80万円を消費貸借の目的とすると記載された契約書
　　　（第1号文書と第2号文書）第2号文書
(7) 課税物件表の第3号から第17号までの2以上の号に該当する文書（ただし、(8)に該当する文書を除く。）
　　　　　　　　　　　　最も号数の少ない号の文書
　　（例）継続する債権売買についての基本的な事項を定めた契約書（第7号文書と第15号文書）　　　　第7号文書
(8) 課税物件表の第3号から第16号までに掲げる文書と同表第17号に掲げる文書とに該当する文書のうち、売上代金に係る受取

金額（100万円を超えるものに限る。）が記載されているもの　第17号の1文書
（例）債権の売買代金200万円の受取事実を記載した債権売買契約書（第15号文書と第17号の1文書）

第17号の1文書

(9) 証書と通帳等とに該当する文書（ただし、(10)、(11)又は(12)に該当する文書を除く。）　通帳等
（例）
1　生命保険証券兼保険料受取通帳（第10号文書と第18号文書）　第18号文書
2　債権売買契約書とその代金の受取通帳（第15号文書と第19号文書）

第19号文書

(10) 契約金額が10万円を超える課税物件表の第1号に掲げる文書と同表第19号又は第20号に掲げる文書とに該当する文書

第1号文書

（例）
1　契約金額が100万円の不動産売買契約書とその代金の受取通帳（第1号文書と第19号文書）　第1号文書
2　契約金額が50万円の消費貸借契約書とその消費貸借に係る金銭の返還金及び利息の受取通帳（第1号文書と第19号文書）　第1号文書

(11) 契約金額が100万円を超える課税物件表の第2号に掲げる文書と同表第19号又は第20号に掲げる文書とに該当する文書

第2号文書

（例）契約金額が150万円の請負契約書とその代金の受取通帳（第2号文書と第19号文書）

第2号文書

(12) 売上代金の受取金額が100万円を超える課税物件表の第17号に掲げる文書と同表第19号又は第20号に掲げる文書とに該当する文書

第17号の1文書

（例）下請前払金200万円の受取事実を記載した請負通帳
（第17号の1文書と第19号文書）

第17号の1文書

2　課税物件表の第18号に掲げる文書と同表第19号に掲げる文書とに該当する文書は、第19号文書として取り扱う。(昭59間消3－24追加、平元間消3－15改正)

◆基通12条（契約書の意義）

　法に規定する「契約書」とは、契約当事者の間において、契約（その予約を含む。）の成立、更改又は内容の変更若しくは補充の事実（以下「契約の成立等」という。）を証明する目的で作成される文書をいい、契約の消滅の事実を証明する目的で作成される文書は含まない。

　なお、課税事項のうちの一の重要な事項を証明する目的で作成される文書であっても、当該契約書に該当するのであるから留意する。

　おって、その重要な事項は別表第2に定める。
(昭59間消3－24改正)

　（注）文書中に契約の成立等に関する事項が記載されていて、契約の成立等を証明することができるとしても、例えば社債券のようにその文書の作成目的が契約に基づく権利を表彰することにあるものは、契約書に該当しない。

◆基通14条（契約の意義）

　通則5に規定する「契約」とは、互いに対立する2個以上の意思表示の合致、すなわち一方の申込みと他方の承諾によって成立する法律行為をいう。

◆基通16条(契約の更改の意義等)

　通則5に規定する「契約の更改」とは、契約によって既存の債務を消滅させて新たな債務を成立させることをいい、当該契約を証するための文書は、新たに成立する債務の内容に従って、課税物件表における所属を決定する。
　(例) 請負代金支払債務を消滅させ、土地を給付する債務を成立させる契約書

　　　　　　　　　　　　　　　第1号文書
　(注) 更改における新旧両債務は同一性がなく、旧債務に伴った担保、保証、抗弁権等は原則として消滅する。したがって、既存の債務の同一性を失わせないで契約の内容を変更する契約とは異なることに留意する。

◆基通17条(契約の内容の変更の意義等)

1　通則5に規定する「契約の内容の変更」とは、既に存在している契約(以下「原契約」という。)の同一性を失わせないで、その内容を変更することをいう。

2　契約の内容の変更を証するための文書(以下「変更契約書」という。)の課税物件表における所属の決定は、次の区分に応じ、それぞれ次に掲げるところによる。(平元間消3－15改正)

　(1) 原契約が課税物件表の一の号のみの課税事項を含む場合において、当該課税事項のうちの重要な事項を変更する契約書については、原契約と同一の号に所属を決定する。
　　(例)
　　消費貸借契約書(第1号文書)の消費貸借金額50万円を100万円に変更する契約書

　　　　　　　　　　　　　　　第1号文書
　(2) 原契約が課税物件表の2以上の号の課税事項を含む場合において、当該課税事項の内容のうち重要な事項を変更する契約書については、当該2以上の号のいずれか一方の号のみの重要な事項を変更するものは、当該一方の号に所属を決定し、当該2以上の号のうちの2以上の号の重要な事項を変更するものは、それぞれの号に該当し、通則3の規定によりその所属を決定する。
　　(例)
　　1　報酬月額及び契約期間の記載がある清掃請負契約書(第2号文書と第7号文書に該当し、所属は第2号文書)の報酬月額を変更するもので、契約期間又は報酬総額の記載のない契約書
　　　　　　　　　　　　　　　第7号文書
　　2　報酬月額及び契約期間の記載がある清掃請負契約書(第2号文書と第7号文書に該当し、所属は第2号文書)の報酬月額を変更するもので、契約期間又は報酬総額のある契約書
　　　　　　　　　　　　　　　第2号文書

　(3) 原契約の内容のうちの課税事項に該当しない事項を変更する契約書で、その変更に係る事項が原契約書の該当する課税物件表の号以外の号の重要な事項に該当するものは、当該原契約書の該当する号以外の号に所属を決定する。
　　(例)
　　消費貸借に関する契約書(第1号文書)の連帯保証人を変更する契約書

　　　　　　　　　　　　　　　第13号文書
　(4) (1)から(3)までに掲げる契約書で重要な事項以外の事項を変更するものは、課税文書に該当しない。

3　前項の重要な事項は、別表第2に定める。

◆基通18条(契約の内容の補充の意義等)

1　通則5に規定する「契約の内容の補充」とは、原契約の内容として欠けている事項を補充する

ことをいう。
2 契約の内容の補充を証するための文書（以下「補充契約書」という。）の課税物件表における所属の決定は、次の区分に応じ、それぞれ次に掲げるところによる。（平元間消3－15改正）
（1）原契約が課税物件表の一の号のみの課税事項を含む場合において、当該課税事項の内容のうちの重要な事項を補充する契約書は、原契約と同一の号に所属を決定する。
（例）
売買の目的物のみを特定した不動産売買契約書について、後日、売買価額を決定する契約書　　　　　　　　　第1号文書
（2）原契約が2以上の号の課税事項を含む場合において、当該課税事項の内容のうちの重要な事項を補充する契約書については、当該2以上の号のいずれか一方の号のみの重要な事項を補充するものは、当該一方の号に所属を決定し、当該2以上の号のうちの2以上の号の重要な事項を補充するものは、それぞれの号に該当し、通則3の規定によりその所属を決定する。
（例）
契約金額の記載のない清掃請負契約書（第2号文書と第7号文書に該当し、所属は第7号文書）の報酬月額及び契約期間を決定する契約書　　　　　　　　　第2号文書
（3）原契約の内容のうちの課税事項に該当しない事項を補充する契約書で、その補充に係る事項が原契約書の該当する課税物件表の号以外の号の重要な事項に該当するものは、当該原契約書の該当する号以外の号に所属を決定する。
（例）
消費貸借契約書（第1号文書）に新たに連帯保証人の保証を付す契約書

第13号文書
（4）1から3までに掲げる契約書で重要な事項以外の事項を補充するものは、課税文書に該当しない。
3 前項の重要な事項は、別表第2に定める。

◆基通19条（同一の内容の文書を2通以上作成した場合）
1 契約当事者間において、同一の内容の文書を2通以上作成した場合において、それぞれの文書が課税事項を証明する目的で作成されたものであるときは、それぞれの文書が課税文書に該当する。
2 写、副本、謄本等と表示された文書で次に掲げるものは、課税文書に該当するものとする。
（1）契約当事者の双方又は一方の署名又は押印があるもの（ただし、文書の所持者のみが署名又は押印しているものを除く。）
（2）正本等と相違ないこと、又は写し、副本、謄本等であることの契約当事者の証明（正本等との割印を含む。）のあるもの（ただし、文書の所持者のみが証明しているものを除く。）

◆基通21条（申込書等と表示された文書の取扱い）
1 契約は、申込みと当該申込みに対する承諾によって成立するのであるから、契約の申込みの事実を証明する目的で作成される単なる申込文書は契約書には該当しないが、申込書、注文書、依頼書等（次項において「申込書等」という。）と表示された文書であっても、相手方の申込みに対する承諾事実を証明する目的で作成されるものは、契約書に該当する。
2 申込書等と表示された文書のうち、次に掲げるものは、原則として契約書に該当するものと

する。(昭59間消3－24改正)
(1) 契約当事者の間の基本契約書、規約又は約款等に基づく申込みであることが記載されていて、一方の申込みにより自動的に契約が成立することとなっている場合における当該申込書等。ただし、契約の相手方当事者が別に請書等契約の成立を証明する文書を作成することが記載されているものを除く。
(2) 見積書その他の契約の相手方当事者の作成した文書等に基づく申込みであることが記載されている当該申込書等。ただし、契約の相手方当事者が別に請書等契約の成立を証明する文書を作成することが記載されているものを除く。
(3) 契約当事者双方の署名又は押印があるもの

◆**基通23条（契約金額の意義）**

課税物件表の第1号、第2号及び第15号に規定する「契約金額」とは、次に掲げる文書の区分に応じ、それぞれ次に掲げる金額で、当該文書において契約の成立等に関し直接証明の目的となっているものをいう。(平元間消3－15改正)

(1) 第1号の1文書及び第15号文書のうちの債権譲渡に関する契約書　譲渡の形態に応じ、次に掲げる金額
　　イ　売買　売買金額
　　　（例）土地売買契約書において、時価60万円の土地を50万円で売買すると記載したもの
　　　　　　（第1号文書）50万円
　　　（注）60万円は評価額であって売買金額ではない。
　　ロ　交換　交換金額
　　　なお、交換契約書に交換対象物の双方の価額が記載されているときはいずれか高い方（等価交換のときは、いずれか一方）の金額を、交換差金のみが記載されているときは当該交換差金をそれぞれ交換金額とする。
　　　（例）土地交換契約書において
　　　　1　甲の所有する土地（価額100万円）と乙の所有する土地（価額110万円）とを交換し、甲は乙に10万円支払うと記載したもの
　　　　　　（第1号文書）110万円
　　　　2　甲の所有する土地と乙の所有する土地とを交換し、甲は乙に10万円支払うと記載したもの
　　　　　　（第1号文書）10万円
　　ハ　代物弁済　代物弁済により消滅する債務の金額
　　　なお、代物弁済の目的物の価額が消滅する債務の金額を上回ることにより、債権者がその差額を債務者に支払うこととしている場合は、その差額を加えた金額とする。
　　　（例）代物弁済契約書において
　　　　1　借用金100万円の支払いに代えて土地を譲渡するとしたもの
　　　　　　（第1号文書）100万円
　　　　2　借用金100万円の支払いに代えて150万円相当の土地を譲渡するとともに、債権者は50万円を債務者に支払うとしたもの
　　　　　　（第1号文書）150万円
　　ニ　法人等に対する現物出資　出資金額
　　ホ　その他　譲渡の対価たる金額
　　　（注）贈与契約においては、譲渡の対価たる金額はないから、契約金額はないものとして取り扱う。

(2) 第1号の2文書　設定又は譲渡の対価たる金額

　　なお、「設定又は譲渡の対価たる金額」とは、賃貸料を除き、権利金その他名称のいかんを問わず、契約に際して相手方当事者に交付し、後日返還されることが予定されていない金額をいう。したがって、後日返還されることが予定されている保証金、敷金等は、契約金額には該当しない。

(3) 第1号の3文書　消費貸借金額

　　なお、消費貸借金額には利息金額を含まない。

(4) 第1号の4文書　運送料又は用船料

(5) 第2号文書　請負金額

(6) 第15号文書のうちの債務引受けに関する契約書　引き受ける債務の金額

◆基通24条（記載金額の計算）

　通則4に規定する記載金額の計算は、次の区分に応じ、それぞれ次に掲げるところによる。(昭59間消3－24、平元間消3－15改正)

(1) 一の文書に、課税物件表の同一の号の課税事項の記載金額が2以上ある場合
　　当該記載金額の合計額
　　（例）
　　1　請負契約書
　　　　A工事200万円、B工事300万円
　　　　　　　　　（第2号文書）500万円
　　2　不動産及び鉱業権売買契約書
　　　　不動産1,200万円、鉱業権400万円
　　　　　　　　　（第1号文書）1,600万円

(2) 一の文書に、課税物件表の2以上の号の課税事項が記載されているものについて、その記載金額をそれぞれの課税事項ごとに区分することができる場合　当該文書の所属することとなる号の課税事項に係る記載金額

　　（例）
　　1　不動産及び債券売買契約書
　　　　不動産700万円、債権200万円
　　　　　　　　　（第一号文書）700万円
　　2　不動産売買及び請負契約書
　　　　（不動産売買）
　　　　土地300万円、家屋100万円
　　　　（請負）
　　　　A工事400万円、B工事200万円
　　　　　　　　　（第2号文書）600万円

(3) 一の文書に、課税物件表の2以上の号の課税事項が記載されているものについて、その記載金額をそれぞれの課税事項ごとに区分することができない場合当該記載金額

　　（例）不動産及び債権の売買契約書
　　　　不動産及び債権500万円
　　　　　　　　　（第1号文書）500万円

(4) 第17号の1文書であって、その記載金額を売上代金に係る金額とその他の金額とに区分することができる場合当該売上代金に係る金額

　　（例）貸付金元本と利息の受取書
　　　　貸付金元本200万円、貸付金利息20万円
　　　　　　　　　（第17号の1文書）20万円

(5) 第17号の1文書であって、その記載金額を売上代金に係る金額とその他の金額とに区分することができない場合当該記載金額

　　（例）貸付金元本及び利息の受取書
　　　　貸付金元本及び利息210万円
　　　　　　　　　（第17号の1文書）210万円

(6) 記載された単価及び量、記号その他により記載金額を計算することができる場合その計算により算出した金額

　　（例）物品加工契約書

　　　　A物品単価500円、数量10,000個
　　　　　　　（第2号文書）500万円
(7) 第1号文書又は第2号文書であって、当該文書に係る契約についての契約金額若しくは単価、数量、記号その他の記載のある見積書、注文書その他これらに類する文書（課税物件表の課税物件欄に掲げる文書を除く。）の名称、発行の日、記号、番号その他の記載があることにより、当事者間において当該契約金額が明らかである場合又は当該契約金額の計算をすることができる場合その明らかである金額又はその計算により算出した金額
　(例)
　1　契約金額が明らかである場合
　　　工事請負注文請書
　　　「請負金額は貴注文書第××号のとおりとする。」と記載されている工事請負に関する注文請書で、注文書に記載されている請負金額が500万円
　　　　　　　（第2号文書）500万円
　2　契約金額の計算をすることができる場合
　　　物品の委託加工注文請書
　　(1)「加工数量及び加工料単価は貴注文書第××号のとおりとする。」と記載されている物品の委託加工に関する注文請書で、注文書に記載されている数量が1万個、単価が500円
　　　　　　　（第2号文書）500万円
　　(2)「加工料は1個につき500円、加工数量は貴注文書第××号のとおりとする。」と記載されている物品の委託加工に関する注文請書で、注文書に記載されている加工数量が1万個
　　　　　　　（第2号文書）500万円
　3　通則4のホの（二）の規定の適用がない場合
　　　物品の委託加工注文請書
　　　「加工数量は1万個、加工料は委託加工基本契約書のとおりとする。」と記載されている物品の委託加工に関する注文請書
　　　　　　　（第2号文書）記載金額なし
(8) 第17号の1文書であって、受け取る有価証券の発行者の名称、発行の日、記号、番号その他の記載があることにより、当事者間において売上代金に係る受取金額が明らかである場合その明らかである受取金額
　(例) 物品売買代金の受取書
　　　○○（株）発行のNo.××の小切手と記載した受取書
　　　（第17号の1文書）当該小切手の券面金額
(9) 第17号の1文書であって、受け取る金額の記載のある支払通知書、請求書その他これらに類する文書の名称、発行の日、記号、番号その他の記載があることにより、当事者間において売上代金に係る受取金額が明らかである場合その明らかである受取金額
　(例) 請負代金の受取書
　　　○○（株）発行の支払通知書No.××と記載した受取書
　　　（第17号の1文書）当該支払通知書の記載金額
(10) 記載金額が外国通貨により表示されている場合文書作成時の本邦通貨に換算した金額
　(例) 債権売買契約書
　　　A債権米貨10,000ドル
　　　　　　　（第15号文書）130万円
　(注) 米貨（ドル）は基準外国為替相場により、その他の外国通貨は裁定外国為替相場により、それぞれ本邦通貨に換算する。

◆基通25条（契約金額等の計算をすることができるとき等）

1　通則4のホの（一）に規定する「単価及び数量、記号その他によりその契約金額等の計算をすることができるとき」とは、当該文書に記載されている単価及び数量、記号等により、その契約金額等の計算をすることができる場合をいう。（昭59間消3－24、平元間消3－15改正）

2　通則4のホの（二）に規定する「契約金額が明らかであるとき」とは、第1号文書又は第2号文書に当該文書に係る契約についての契約金額の記載のある見積書、注文書その他これらに類する文書を特定できる記載事項があることにより、当事者間において当該契約についての契約金額を明らかにできる場合をいう。また、「契約金額の計算をすることができるとき」とは、第1号文書又は第2号文書に当該文書に係る契約についての単価、数量、記号その他の記載のある見積書、注文書その他これらに類する文書（以下この項において「見積書等」という。）を特定できる記載事項があることにより、当該見積書等の記載事項又は当該見積書等と当該第1号文書又は第2号文書の記載事項とに基づき、当事者間において当該契約についての契約金額の計算をすることができる場合をいう。

なお、通則4のホの（二）のかっこ書の規定により当該第1号文書又は第2号文書に引用されている文書が課税物件表の課税物件欄に掲げられている文書に該当するものであるときは、通則4のホの（二）の規定の適用はないのであるから留意する。（昭59間消3－24追加、平元間消3－15改正）

3　通則4のホの（三）に規定する「当該有価証券の発行者の名称、発行の日、記号、番号その他の記載があることにより、当事者間において当該売上代金に係る受取金額が明らかであるとき」とは、売上代金として受け取る有価証券の受取書に受け取る有価証券を特定できる事項の記載があることにより、当事者間において当該有価証券の券面金額が明らかである場合をいい、「当該売上代金に係る受取金額の記載のある支払通知書、請求書その他これらに類する文書の名称、発行の日、記号、番号その他の記載があることにより、当事者間において当該売上代金に係る受取金額が明らかであるとき」とは、売上代金として受け取る金銭又は有価証券の受取書に受取金額の記載がある文書を特定できる事項の記載があることにより、当事者間において授受した金額が明らかである場合をいう。（昭59間消3－24、平元間消3－15改正）

◆基通26条（予定金額等が記載されている文書の記載金額）

予定金額等が記載されている文書の記載金額の計算は、次の区分に応じ、それぞれ次に掲げるところによる。

(1) 記載された契約金額等が予定金額又は概算金額である場合　予定金額又は概算金額

（例）

予定金額	250万円	250万円
概算金額	250万円	250万円
	約250万円	250万円

(2) 記載された契約金額等が最低金額又は最高金額である場合　最低金額又は最高金額

（例）

最低金額	50万円	50万円
	50万円以上	50万円
	50万円超	50万1円
最高金額	100万円	100万円
	100万円以下	100万円
	100万円未満	99万9,999円

(3) 記載された契約金額等が最低金額と最高金額である場合最低金額
   (例)
   50万円から100万円まで　　50万円
   50万円を超え100万円以下　50万1円
(4) 記載されている単価及び数量、記号その他によりその記載金額が計算できる場合において、その単価及び数量等が、予定単価又は予定数量等となっているとき　(1) から (3) までの規定を準用して算出した金額
   (例)
   予定単価1万円、予定数量100個　100万円
   概算単価1万円、概算数量100個　100万円
   予定単価1万円、最低数量100個　100万円
   最高単価1万円、最高数量100個　100万円
   単価1万円で50個から100個まで　50万円

◆基通27条（契約の一部についての契約金額が記載されている契約書の記載金額）

契約書に、その契約の一部についての契約金額のみが記載されている場合には、当該金額を記載金額とする。
(例) 請負契約書に、「A工事100万円。ただし、附帯工事については実費による。」と記載したもの
　　　　　　　　　（第2号文書）100万円

◆基通28条（手付金額又は内入金額が記載されている契約書の記載金額）

契約書に記載された金額であっても、契約金額とは認められない金額、例えば手付金額又は内入金額は、記載金額に該当しないものとして取り扱う。
なお、契約書に100万円を超える手付金額又は内入金額の受領事実が記載されている場合には、当該文書は、通則3のイ又はハのただし書の規定によって第17号の1文書（売上代金に係る金銭又は有価証券の受取書）に該当するものがあることに留意する。（平元間消3-15改正）

◆基通29条（月単位等で契約金額を定めている契約書の記載金額）

月単位等で金額を定めている契約書で、契約期間の記載があるものは当該金額に契約期間の月数等を乗じて算出した金額を記載金額とし、契約期間の記載のないものは記載金額がないものとして取り扱う。
なお、契約期間の更新の定めがあるものについては、更新前の期間のみを算出の根基とし、更新後の期間は含まないものとする。
(例) ビル清掃請負契約書において、「清掃料は月10万円、契約期間は1年とするが、当事者異議なきときは更に1年延長する。」と記載したもの　　記載金額120万円
　　（10万円×12月）の第2号文書

◆基通30条（契約金額を変更する契約書の記載金額）

1　契約金額を変更する契約書（次項に該当するものを除く。）については、変更後の金額が記載されている場合（当初の契約金額と変更金額の双方が記載されていること等により、変更後の金額が算出できる場合を含む。）は当該変更後の金額を、変更金額のみが記載されている場合は当該変更金額をそれぞれ記載金額とする。（平元間消3-15改正）
(例) 土地売買契約変更契約書において
　1　当初の売買金額100万円を10万円増額（又は減額）すると記載したもの
　　（第1号文書）110万円（又は90万円）
　2　当初の売買金額を10万円増額（又は減

額）すると記載したもの

　　　　　　　　（第1号文書）10万円

2　契約金額を変更する契約書のうち、通則4のニの規定が適用される文書の記載金額は、それぞれ次のようになるのであるから留意する。

　なお、通則4のニに規定する「当該文書に係る契約についての変更前の契約金額等の記載のある文書が作成されていることが明らかであり」とは、契約金額等の変更の事実を証すべき文書（以下「変更契約書」という。）に変更前の契約金額等を証明した文書（以下「変更前契約書」という。）の名称、文書番号又は契約年月日等変更前契約書を特定できる事項の記載があること又は変更前契約書と変更契約書とが一体として保管されていること等により、変更前契約書が作成されていることが明らかな場合をいう。

（平元間消3－15追加）

(1) 契約金額を増加させるものは、当該契約書により増加する金額が記載金額となる。

(例)　土地の売買契約の変更契約書において、当初の売買金額1,000万円を100万円増額すると記載したもの又は当初の売買金額1,000万円を1,100万円に増額すると記載したもの

　　　　　　　　（第1号文書）100万円

(2) 契約金額を減少させるものは、記載金額のないものとなる。

(例)　土地の売買契約の変更契約書において、当初の売買金額1,000万円を100万円減額すると記載したもの又は当初の売買金額1,100万円を1,000万円に減額すると記載したもの

　　　　　　（第1号文書）記載金額なし

(注)　変更前契約書の名称等が記載されている文書であっても、変更前契約書が現実に作成されていない場合は、第1項の規定が適用されるのであるから留意する。

◆基通31条（内訳金額を変更または補充する場合の記載金額）

　契約金額の内訳を変更又は補充する契約書のうち、原契約書の契約金額と総金額が同一であり、かつ、単に同一号中の内訳金額を変更又は補充するにすぎない場合の当該内訳金額は、記載金額に該当しないものとする。

　なお、この場合であっても、当該変更又は補充契約書は、記載金額のない契約書として課税になるのであるから留意する。

(例)　工事請負変更契約書において、当初の請負金額A工事200万円、B工事100万円をA工事100万円、B工事200万円に変更すると記載したもの

　　　　　　　記載金額のない第2号文書

◆基通32条（税金額が記載されている文書の記載金額）

　源泉徴収義務者又は特別徴収義務者が作成する受取書等の記載金額のうちに、源泉徴収又は特別徴収に係る税金額を含む場合において、当該税金額が記載されているときは、全体の記載金額から当該税金額を控除したのちの金額を記載金額とする。

（平元間消3－15改正）

◆基通33条（記載金額1万円未満の第1号又は第2号文書についての取扱い）

　第1号文書又は第2号文書と第15号文書又は第17号文書とに該当する文書で、通則3のイの規定により第1号文書又は第2号文書として当該文書の所属が決定されたものが次の一に該当するときは、非課税文書とする。

（平元間消 3 － 15、平 26 課消 3-21 改正）
(1) 課税物件表の第 1 号又は第 2 号の課税事項と所属しないこととなった号の課税事項とのそれぞれについて記載金額があり、かつ、当該記載金額のそれぞれが 1 万円未満（当該所属しないこととなった号が同表第 17 号であるときは、同号の記載金額については 5 万円未満）であるとき。
（例）9 千円の請負契約と 8 千円の債権売買契約とを記載している文書
　　　　　　　（第 2 号文書）　非課税
(2) 課税物件表の第 1 号又は第 2 号の課税事項と所属しないこととなった号の課税事項についての合計記載金額があり、かつ、当該合計金額が 1 万円未満のとき。
（例）請負契約と債権売買契約との合計金額が 9 千円と記載されている文書
　　　　　　　（第 2 号文書）　非課税

◆基通 34 条（記載金額 5 万円未満の第 17 号文書の取扱い）

　課税物件表第 17 号の非課税物件欄 1 に該当するかどうかを判断する場合には、通則 4 のイの規定により売上代金に係る金額とその他の金額との合計額によるのであるから留意する。（平元間消 3 － 15、平 26 課消 3-21 改正）
（例）貸付金元金 4 万円と貸付金利息 1 万円の受取書（第 17 号の 1 文書）記載金額は 5 万円となり非課税文書には該当しない。

◆基通 35 条（無償等と記載されたものの取扱い）

　契約書等に「無償」又は「0 円」と記載されている場合の当該「無償」又は「0 円」は、当該契約書等の記載金額に該当しないものとする。

◆基通 38 条（追記又は付け込みの範囲）

1　法第 4 条《課税文書の作成とみなす場合等》第 3 項に規定する「一の文書」には、課税文書だけでなくその他の文書も含むのであるから留意する。（平元間消 3-15 改正）
2　課税物件表の第 1 号、第 2 号、第 7 号及び第 12 号から第 15 号までの課税事項により証されるべき事項を追記した場合で、当該追記が原契約の内容の変更又は補充についてのものであり、かつ、当該追記した事項が別表第 2 に掲げる重要な事項に該当するときは、法第 4 条第 3 項の規定を適用する。（平元間消 3-15 改正）

◆基通 42 条（作成者の意義）

　法に規定する「作成者」とは、次に掲げる区分に応じ、それぞれ次に掲げる者をいう。
(1) 法人、人格のない社団若しくは財団（以下この号において「法人等」という。）の役員（人格のない社団又は財団にあっては、代表者又は管理人をいう。）又は法人等若しくは人の従業者がその法人等又は人の業務又は財産に関し、役員又は従業者の名義で作成する課税文書　当該法人等又は人
(2) (1) 以外の課税文書　当該課税文書に記載された作成名義人

◆基通 43 条（代理人が作成する課税文書の作成者）

1　委任に基づく代理人が、当該委任事務の処理に当たり、代理人名義で作成する課税文書については、当該文書に委任者の名義が表示されているものであっても、当該代理人を作成者とする。
2　代理人が作成する課税文書であっても、委任者名のみを表示する文書については、当該委任者を作成者とする。

◆基通44条（作成等の意義）
1　法に規定する課税文書の「作成」とは、単なる課税文書の調製行為をいうのでなく、課税文書となるべき用紙等に課税事項を記載し、これを当該文書の目的に従って行使することをいう。
2　課税文書の「作成の時」とは、次の区分に応じ、それぞれ次に掲げるところによる。
（平13課消3－12、平18課消3－36改正）
　(1)　相手方に交付する目的で作成される課税文書　当該交付の時
　(2)　契約当事者の意思の合致を証明する目的で作成される課税文書　当該証明の時
　(3)　一定事項の付け込み証明をすることを目的として作成される課税文書　当該最初の付け込みの時
　(4)　認証を受けることにより効力が生ずることとなる課税文書　当該認証の時
　(5)　第5号文書のうち新設分割計画書　本店に備え置く時

◆基通45条（一の文書に同一の号の課税事項が2以上記載されている場合の作成者）
　一の文書に、課税物件表の同一の号の課税事項が2以上記載されている場合においては、当該2以上の課税事項の当事者がそれぞれ異なるものであっても、当該文書は、これらの当事者の全員が共同して作成したものとする。
（例）
　一の文書に甲と乙、甲と丙及び甲と丁との間のそれぞれ200万円、300万円及び500万円の不動産売買契約の成立を証明する事項を区分して記載しているものは、記載金額1,000万円の第1号文書（不動産の譲渡に関する契約書）に該当し、甲、乙、丙及び丁は共同作成者となる。

◆基通46条（一の文書が2以上の号に掲げる文書に該当する場合の作成者）
　一の文書が、課税物件表の2以上の号に掲げる文書に該当し、通則3の規定により所属が決定された場合における当該文書の作成者は、当該所属することとなった号の課税事項の当事者とする。（平元間消3－15改正）
（例）
　一の文書で、甲と乙との間の不動産売買契約と甲と丙との間の債権売買契約の成立を証明する事項が記載されているものは、第1号文書（不動産の譲渡に関する契約書）に所属し、この場合には、甲と乙が共同作成者となり、丙は作成者とはならない。

◆基通47条（共同作成者の連帯納税義務の成立等）
　一の課税文書を2以上の者が共同作成した場合における印紙税の納税義務は、当該文書の印紙税の全額について共同作成者全員に対してそれぞれ各別に成立するのであるが、そのうちの1人が納税義務を履行すれば当該2以上の者全員の納税義務が消滅するのであるから留意する。

◆基通　別表第2「重要な事項の一覧表」
　第12条《契約書の意義》、第17条《契約の内容の変更の意義等》、第18条《契約の内容の補充の意義等》及び第38条《追記又は付け込みの範囲》の「重要な事項」とは、おおむね次に掲げる文書の区分に応じ、それぞれ次に掲げる事項（それぞれの事項と密接に関連する事項を含む。）をいう。（昭59間消3－24、平元間消3－15改正）

1　第1号の1文書
　　第1号の2文書のうち、地上権又は土地の賃借権の譲渡に関する契約書
　　第15号文書のうち、債権譲渡に関する契約書

(1) 目的物の内容
(2) 目的物の引渡方法又は引渡期日
(3) 契約金額
(4) 取扱数量
(5) 単価
(6) 契約金額の支払方法又は支払期日
(7) 割戻金等の計算方法又は支払方法
(8) 契約期間
(9) 契約に付される停止条件又は解除条件
(10) 債務不履行の場合の損害賠償の方法

2　第1号の2文書のうち、地上権又は土地の賃借権の設定に関する契約書

(1) 目的物又は被担保債権の内容
(2) 目的物の引渡方法又は引渡期日
(3) 契約金額又は根抵当権における極度金額
(4) 権利の使用料
(5) 契約金額又は権利の使用料の支払方法又は支払期日
(6) 権利の設定日若しくは設定期間又は根抵当権における確定期日
(7) 契約に付される停止条件又は解除条件
(8) 債務不履行の場合の損害賠償の方法

3　第1号の3文書

(1) 目的物の内容
(2) 目的物の引渡方法又は引渡期日
(3) 契約金額（数量）
(4) 利率又は利息金額
(5) 契約金額（数量）又は利息金額の返還（支払）方法又は返還（支払）期日
(6) 契約期間
(7) 契約に付される停止条件又は解除条件
(8) 債務不履行の場合の損害賠償の方法

4　第1号の4文書
　　第2号文書

(1) 運送又は請負の内容（方法を含む。）
(2) 運送又は請負の期日又は期限
(3) 契約金額
(4) 取扱数量
(5) 単価
(6) 契約金額の支払方法又は支払期日
(7) 割戻金等の計算方法又は支払方法
(8) 契約期間
(9) 契約に付される停止条件又は解除条件
(10) 債務不履行の場合の損害賠償の方法

5　第7号文書

(1) 令第26条《継続的取引の基本となる契約書の範囲》各号に掲げる区分に応じ、当該各号に掲げる要件
(2) 契約期間（令第26条各号に該当する文書を引用して契約期間を延長するものに限るものとし、当該延長する期間が3か月以内であり、かつ、更新に関する定めのないものを除く。）

6　第12号文書

(1) 目的物の内容
(2) 目的物の運用の方法
(3) 収益の受益者又は処分方法
(4) 元本の受益者
(5) 報酬の金額
(6) 報酬の支払方法又は支払期日
(7) 信託期間
(8) 契約に付される停止条件又は解除条件

(9) 債務不履行の場合の損害賠償の方法

7　第13号文書

(1) 保証する債務の内容
(2) 保証の種類
(3) 保証期間
(4) 保証債務の履行方法
(5) 契約に付される停止条件又は解除条件

8　第14号文書

(1) 目的物の内容
(2) 目的物の数量(金額)
(3) 目的物の引渡方法又は引渡期日
(4) 契約金額
(5) 契約金額の支払方法又は支払期日
(6) 利率又は利息金額
(7) 寄託期間
(8) 契約に付される停止条件又は解除条件
(9) 債務不履行の場合の損害賠償の方法

9　第15号文書のうち、債務引受けに関する契約書

(1) 目的物の内容
(2) 目的物の数量(金額)
(3) 目的物の引受方法又は引受期日
(4) 契約に付される停止条件又は解除条件
(5) 債務不履行の場合の損害賠償の方法

その他の法律

◆民法632条(請負)

　請負は、当事者の一方がある仕事を完成することを約し、相手方がその仕事の結果に対してその報酬を支払うことを約することによって、その効力を生ずる。

◆税理士法2条(税理士の業務)

1　税理士は、他人の求めに応じ、租税(印紙税、登録免許税、関税、法定外普通税(地方税法(昭和二十五年法律第二百二十六号)第十条の四第二項に規定する道府県法定外普通税及び市町村法定外普通税をいう。)、法定外目的税(同項に規定する法定外目的税をいう。)その他の政令で定めるものを除く。第四十九条の二第二項第十号を除き、以下同じ。)に関し、次に掲げる事務を行うことを業とする。

　一　税務代理(税務官公署(税関官署を除くものとし、国税不服審判所を含むものとする。以下同じ。)に対する租税に関する法令若しくは行政不服審査法(平成二十六年法律第六十八号)の規定に基づく申告、申請、請求若しくは不服申立て(これらに準ずるものとして政令で定める行為を含むものとし、酒税法(昭和二十八年法律第六号)第二章の規定に係る申告、申請及び審査請求を除くものとする。以下「申告等」という。)につき、又は当該申告等若しくは税務官公署の調査若しくは処分に関し税務官公署に対してする主張若しくは陳述につき、代理し、又は代行すること(次号の税務書類の作成にとどまるものを除く。)をいう。)

　二　税務書類の作成(税務官公署に対する申告等に係る申告書、申請書、請求書、不服申立書その他租税に関する法令の規定に基づき、作成し、かつ、税務官公署に提出する書類(その作成に代えて電磁的記録(電子的方式、磁気的方式その他人の知覚によつては認識することができない方式で作られる記録であつて、電子計算機による情報処理の用に供されるものをいう。以下同じ。)を作成する場合における当該電磁的記録を含

　　　　む。以下同じ。)で財務省令で定めるもの(以
　　　　下「申告書等」という。)を作成することを
　　　　いう。)
　　三　税務相談(税務官公署に対する申告等、
　　　　第一号に規定する主張若しくは陳述又は申告
　　　　書等の作成に関し、租税の課税標準等(国税
　　　　通則法(昭和三十七年法律第六十六号)第二
　　　　条第六号イからヘまでに掲げる事項及び地
　　　　方税(森林環境税及び特別法人事業税を含む。
　　　　以下同じ。)に係るこれらに相当するものを
　　　　いう。以下同じ。)の計算に関する事項につ
　　　　いて相談に応ずることをいう。)
2　税理士は、前項に規定する業務(以下「税理
　　士業務」という。)のほか、税理士の名称を用
　　いて、他人の求めに応じ、税理士業務に付随し
　　て、財務書類の作成、会計帳簿の記帳の代行そ
　　の他財務に関する事務を業として行うことがで
　　きる。ただし、他の法律においてその事務を業
　　として行うことが制限されている事項について
　　は、この限りでない。
3　前二項の規定は、税理士が他の税理士又は税
　　理士法人(第四十八条の二に規定する税理士法
　　人をいう。次章、第四章及び第五章において同
　　じ。)の補助者として前二項の業務に従事する
　　ことを妨げない。

◆弁護士法3条（弁護士の職務）

1　弁護士は、当事者その他関係人の依頼又は官
　　公署の委嘱によって、訴訟事件、非訟事件及び
　　審査請求、再調査の請求、再審査請求等行政庁
　　に対する不服申立事件に関する行為その他一般
　　の法律事務を行うことを職務とする。
2　弁護士は、当然、弁理士及び税理士の事務を
　　行うことができる。

印紙税法の考え方を身に付ける印紙税検定

　この度、㈱鳥飼コンサルティンググループでは、新日本法規出版㈱の協賛で、国内初の試みである、印紙税検定（初級篇）を立ち上げ、平成２９年７月に印紙税検定（初級篇）講座を開催する運びとなりました。この印紙税検定（初級篇）とは、印紙税の基本的な考え方を身に付け、印紙税実務を理解することを主な目的とし、将来的には、実務に役立つ印紙税法の専門家になる道を開くものです。

　本年７月から開催される印紙税検定（初級篇）講座の講義は、受講者の皆様にストリーミング配信いたしますので、分からないところは繰り返し受講して頂くことが出来ます。講義の内容を十分に理解された上で、受講者の皆様には、印紙税検定試験（初級）を受けていただきます。試験に合格された方には、「印紙税検定（初級）合格証」を交付いたします。「印紙税検定（初級）合格証」を取得することで、次のステップである印紙税検定（中級篇）を受講することができ、この印紙税検定（中級篇）を受講された皆様には、「印紙税管理士®」になるための道が開けます。

　「印紙税管理士®」になられた皆様には、実務に役立つ印紙税の専門家、法律家として活躍するための様々なチャンスが生まれます。ご自身の明るい未来のため、ご自身に投資して、是非、このチャンスを生かしてください。

　詳細は、㈱鳥飼コンサルティンググループ、および、新日本法規出版㈱のホームページに掲載中です。

㈱鳥飼コンサルティンググループ

　当社の目的は明確です。
　企業など組織の持続的成長の役に立つこと
　個人の人生の持続的な向上の役に立つこと
です。これをとおして、社会の進歩発展に寄与いたします。

　各方面の第一線で活躍する優秀な経営者・弁護士・会計士・税理士・コンサルタント等と連携し、経営者、法務・税務・会計等の士業、あるいは各専門分野のプロフェッションの垣根を越えて、お客様の経営課題、あるいは人生の課題の解決と事業の成長に向けて、お客様とともにチャレンジしていく所存です。

　㈱鳥飼コンサルティンググループ
　東京都千代田区神田錦町 3-6　石澤ビル 2F
　TEL：03-5217-5295
　URL：https://torikaicg.com/

＜著者略歴＞

鳥飼総合法律事務所　代表弁護士　鳥飼　重和

中央大学法学部卒業。税理士事務所勤務後、司法試験に合格。
顧客視点から経営・税務を中核にし、法務・税務を統合したビジネスモデル構想を主唱。
日本経済新聞社「企業が選ぶ弁護士ランキング」で、2013年「税務部門」1位、2014年「企業法務部門」10位、2016年「税務部門」1位。
鳥飼コンサルティンググループ会長として、平成25年10月から、納税者の視点から税務調査実務を中核にした税務実務全体のイノベーションを意図して、税理士・弁護士等を対象にした「税務調査士」資格認定を開始。現在、受講者数は400名超。
最近は、行政対応を弁護士実務のテーマとしており、「戦わずして勝つ、戦っても勝つ」というイノベーションを目指している。

（職　　務）・現鳥飼総合法律事務所（弁護士34名・税理士3名）代表弁護士
・現ユナイテッド・スーパーマーケット・ホールディングス（USMH）　社外取締役
・現鳥飼コンサルティンググループ　会長
・現株式会社ムラコシホールディングス取締役
・元日本税理士会連合会　顧問
・元日本内部統制研究学会　会長

（主要著作）『改正社会福祉法で社会福祉法人の法務・財務はこう変わる！』（清文社）
『ここが変わる!!新たな税務調査手続きへの対応』（ぎょうせい）
『株主総会の財務会計に関する想定問答』（清文社）
『税理士の専門家責任とトラブル未然防止策』（清文社）
『豊潤なる未来の創造』『事業承継は存続成長を目指す』（日本経営税務法務研究会）
『「考運」の法則』（同友館）『幸せの順番』（TAC出版）など多数

～法的思考が身に付く～
実務に役立つ　印紙税の考え方と実践

平成29年5月15日　初版第1刷発行
平成29年6月20日　初版第2刷発行
平成30年8月11日　第2版第1刷発行
令和6年5月31日　第2版第2刷発行

著　者　鳥　飼　重　和
編　集　株式会社鳥飼コンサルティンググループ
発行者　新日本法規出版株式会社
　　　　代表者　星　謙　一　郎

発行所　新日本法規出版株式会社

本　　社　（460-8455）　名古屋市中区栄1-23-20
総轄本部　　　　　　　　電話　代表　052（211）1525
東京本社　（162-8407）　東京都新宿区市谷砂土原町2-6
　　　　　　　　　　　　電話　代表　03（3269）2220
支社・営業所　札幌・仙台・関東・東京・名古屋・大阪・高松・広島・福岡
ホームページ　https://www.sn-hoki.co.jp/

※本書の無断転載・複製は、著作権法上の例外を除き禁じられています。
※落丁・乱丁本はお取替えします。
50972　実務印紙税　　　　　　　　　　　ISBN978-4-7882-8286-5
　　　　　　　　　　　　　　　© 鳥飼重和　2017　Printed in Japan